Ich danke allen jenen Menschen,
die mich – ob bewusst oder unbewusst –
als Lehrer und Begleiter auf meinem Weg
in den letzten sechs Jahren unterstützt haben.
Ganz besonders danke ich „Peter", „Mario", Danielle,
Yatro Alanah und Jürgen für ihre Impulse.

Das Buch ist Teil der Reihe „Weg zurück ins Leben" mit nachstehenden Titeln.

Burnout – Vom Jakobsweg zurück ins Leben (ISBN 978-3-7392-4374-0)

Den Jakobsweg ins Leben nehmen (ISBN 978-3-7347-7638-0)

Ver-rückt nach dem Jakobsweg – Inspirationen (ISBN 978-3-7412-1087-7)

Entdeckungsreise zur Lebensfreude (ISBN 978-3-7412-0994-9)

Sowie weitere Bücher in Planung

Christina Bolte

Burnout –
Vom Jakobsweg zurück ins Leben
Oder: Wenn der Pilgerweg in Santiago erst anfängt

Autobiografie

Mit umfangreichem, fachlichem Glossar

*Bibliografische Information
der Deutschen Nationalbibliothek:*

Die Deutsche Nationalbibliothek verzeichnet diese Publikation in der Deutschen Nationalbibliografie; detaillierte bibliografische Daten sind im Internet über http://dnb.dnb.de abrufbar.

Autoren:

Christina Bolte

2. erweiterte Auflage 2016
© 2016 Christina Bolte

Copyright Bilder:
Cover-Bild: shutterstock / Sunny Forest / holbox,
   illustriert von **Sabine Kwauka**
Autoren-Bild S. 9 aus eigenem Bestand der Autorin
Abb. S. 41 Skizze aus eigener Anfertigung
Abb. S. 153 aus eigenem Bestand, illustriert von **Sabine Kwauka**

Herstellung und Verlag: BoD – Books on Demand, Norderstedt

ISBN: 978-3-7392-4374-0

Der Verstand kann uns sagen,

was wir unterlassen sollen.

Aber das Herz kann uns sagen,

was wir tun müssen

(Joseph Joubert, 1754-1824)

Burnout – Vom Jakobsweg zurück ins Leben

Inhalt

Inhalt 6
Vorwort von Christina Bolte 7
    Die Autorin 9
TEIL 1 Der Jakobsweg 10
Die Etappen VOR dem Jakobsweg 10
    Ein großes Dorf in Schleswig-Holstein 10
    Eine Idee macht (Hoch-)Schule 14
    Die Autofreaks – oder: Das Leben auf der Überholspur 19
    Wie es zum Jakobsweg kam 28
Die Etappen AUF dem Jakobsweg 35
    Es geht los: Ankommen auf dem Pilgerweg 35
    So kenne ich mich: Atemlos auf dem Camino 52
    Eigenständig und doch verbunden – endlich wird's ruhiger 65
    Oops, ich bin ja schon da – und jetzt? 83
Die Etappen NACH dem Jakobsweg 102
    Der Verrückte aus dem Ruhrgebiet 103
    Von Prüfungen & der Schule des Lebens 109
    Von neuen Wegen in alten Schuhen 114
    Das Jahr mit den Frauen 124
    Quantensprünge hoch zwei 130
    Was wirklich wichtig ist im Leben 137
    Netzwerke – getragen oder verstrickt sein 140
    Kairos – oder: Die Kunst, Chancen zu nutzen 143
    Die Unternehmerin – oder: Der Sprung ins kalte Wasser 151
Nachwort 154
TEIL 2: Fachlicher Glossar 159
    Glossar und Erklärungen zum Thema Burnout 159
    Spanisch-Glossar 171
Literaturverzeichnis und -empfehlungen 173

Vorwort von Christina Bolte

Über den Jakobsweg selbst sind schon viele Bücher geschrieben worden. Angefangen bei den bekannteren Werken, wie denen von Shirley MacLaine, Paulo Coelho oder Hape Kerkeling bis hin zu vielen weiteren Büchern weniger bekannter Autoren. Vor allem das Buch von Hape Kerkeling hat einen regelrechten Jakobsweg-„Hype" ausgelöst.

Je nach Sichtweise der Autoren liegt der Fokus meist auf dem „Abenteuer Jakobsweg" und den dabei erlebten Eindrücken und Erfahrungen für das eigene Selbst. Leider erfährt der Leser oft nur am Rande davon, wie die Erlebnisse des Caminos[1] sie oder ihr weiteres Leben beeinflusst haben. Was ich sehr schade finde.

In diesem Zusammenhang erfuhr ich selbst nämlich eine wichtige Botschaft kurz vor dem höchsten Punkt des sogenannten "französischen" Jakobsweges, den ich 2007 mit dem Fahrrad befuhr, von einem deutschen Mitpilgerer. Er ging den Camino nicht zum ersten Mal und erzählte mir eines Abends in der Unterkunft in Rebanal: „Das Schwierigste am Jakobsweg ist der Weg zurück ins Leben".

Damals bezog ich dies – und so hat er das glaube ich auch gemeint – auf die Zeit direkt nach der Rückkehr vom Jakobsweg, die Zeit in der man zurück kommt in den Alltag, und vor der Herausforderung steht, das Erlebte, die Erfahrungen und Erkenntnisse in das alltägliche Leben zu integrieren. So besteht auch bei Seminaren und Kursen, in denen große Mengen an Wissen vermittelt wird, die wahre Kunst nicht darin, das erlangte Wissen zu behalten, sondern es effektiv im Alltag umzusetzen.

Mittlerweile – im Rückblick – ist mir allerdings klar geworden, dass ich seit meinem persönlichen Camino überhaupt erst auf dem Weg in MEIN Leben bin. Ich habe es geschafft, das, was ich auf dem Jakobsweg gelernt habe, in meinem Leben zu verankern und dieses

---

[1] span.: (Wander- oder Feld-)Weg, Pfad, Straße; Jakobspilger meinen damit auch liebevoll ihren Jakobsweg

letztendlich so komplett zu verändern. Zwar könnte ich noch darüber philosophieren, ob das Leben, welches ich zuvor geführt hatte, überhaupt der Bezeichnung „Leben" gerecht wird, MEIN Leben aber was es in keinem Fall.

Mein Leben vor dem Jakobsweg war eher der hilflose (weil wenig erfolgversprechende) Versuch, den Erwartungen anderer Menschen – Eltern, Vorgesetzten, Freunden, „der Gesellschaft" (wer auch immer das sein mag...) – gerecht zu werden. Was wirklich meine eigenen Erwartungen an mein Leben waren, außer denen, die mir von außen vorgegeben wurden und von denen ich dachte, sie wären meine, wusste ich zu diesem Zeitpunkt nicht wirklich.

Aber erst seit dem Camino habe ich langsam Schritt für Schritt damit begonnen, meine eigenen Vorstellungen und Erwartungen zu entdecken und zu leben. Erst seitdem habe ich das Gefühl, auf dem richtigen Weg in MEIN Leben zu sein und bei MIR anzukommen. Auch wenn ich mir das damals – wie so meistens – anders vorgestellt hatte.

Wenn Sie denken (wie ich es auch tat), Sie könnten Ihr Leben „auf Knopfdruck" verändern, indem Sie den Camino gehen, so muss ich Sie enttäuschen. Die Herausforderung besteht vor allem in der Integration der gewonnenen Erkenntnisse und Vorstellungen in das Leben nach dem Jakobsweg. Mein eigener „Wandlungsweg" begann mit dem Camino und dauerte mindestens die fünf Jahre, von denen dieses Buch handelt. All die weiteren wichtigen Schritte und Stationen, die sich anschlossen und von denen Sie einige kennenlernen werden, erforderten viel Geduld und vor allem „dranbleiben". Das Umdenken und des aktive Verändern von Gewohnheiten ist somit ein langwieriger Prozess.

Aber lesen Sie selbst – Ultreya![2]

Christina Bolte

---

[2] Aufmunternder, Mut machender Gruß auf dem Jakobsweg; bedeutet so viel wie „Vorwärts! Weiter!" oder auch „Guten Weg"

Die Autorin

Christina Bolte arbeitete nach ihrem Wirtschaftsingenieur-Studium mehrere Jahre in betriebswirtschaftlichen Funktionen in der Industrie, bevor sie bemerkte, dass in ihrer Tätigkeit der Mitarbeiter, der Mensch eher als Kosten- denn als Leistungsfaktor betrachtet wurden. Im Rahmen einer kompletten Umorientierung (von der Sie hier lesen werden) hat sie ihre heutige - den Menschen zugewandte - Berufung gefunden.

In ihrer aktuellen Tätigkeit als Beraterin für Unternehmens-Gesundheit profitieren gerade Unternehmenskunden von der Kombination ihrer Unternehmenserfahrung sowie den betriebswirtschaftlichen und medizinischen Fachkenntnissen. Somit gelingt es ihr, die Zusammenhänge zwischen betriebswirtschaftlicher Gesundheit des Unternehmens mit der physisch-psychischen Gesundheit der Mitarbeiter transparent zu machen und mit individuellen Maßnahmen Fehlzeiten zu senken sowie Motivation und Arbeitsergebnisse zu verbessern.

Abb. 1: Autorin Christina Bolte

In ihrer weiteren Tätigkeit mit Einzelpersonen ist es ihr oberstes Ziel, ihren Patienten und Klienten zu Gesundheit und einem neuen Lebensfokus zu begleiten – hin zu mehr Lebensfreude und einem neuen Wohlbefinden. Somit kann der Heilungsprozess auf physischer, psychischer, emotionaler wie auch auf seelischer Ebene erfolgen.

Bei dieser Arbeit mit Klienten greift sie zurück auf die Kräfte der Natur – in Form von Jahrhunderte altem Erfahrungswissen wie auch aktuellen naturheilkundlichen Erkenntnissen. Ferner bringt sie auch ihre Erfahrungen ein, die sie als Pilgerbegleiterin oder selbst als Pilgerin auf spanischen oder einheimischen Pilgerwegen sowie während ihres nebenberuflichen Studiums in Spiritueller Theologie gewann.

Ihr Motto, das sie durch unsere heutige ergebnisorientierte wie veränderungsreiche Lebensrealität begleitet, hat sie auf dem Jakobsweg gelernt. Nämlich: Der Weg ist das Ziel!

Burnout – Vom Jakobsweg zurück ins Leben

TEIL 1 Der Jakobsweg

Die Etappen VOR dem Jakobsweg

Oder: Wie ich so wurde wie ich losging

Ein großes Dorf in Schleswig-Holstein

Aufgewachsen bin ich in Henstedt-Ulzburg, einem großen „Dorf" im schleswig-holsteinischen Einzugsgebiet von Hamburg. Zuvor – im Jahr 1974 – wurde ich noch geboren, allerdings in Hamburg, denn damals gab es in dem „Dorf" noch kein Krankenhaus. Ob ich meinen Bruder, der eineinhalb Jahre später auf die Welt kam, dafür beneiden soll, dass er lebenslänglich „Geburtsort: Henstedt-Ulzburg" in seinem Pass stehen hat, weiß ich noch nicht so genau...

Wie ich im Rückblick meine Kindheit empfand, kann ich gar nicht genau sagen. Ich hatte ja nur diese eine. Letztendlich war und ist mein Heimatort ein großes Dorf. Als ich dort noch wohnte, hatte der Ort noch keine eigene Autobahnausfahrt und noch kein so großes Industriegebiet wie heute. Aber nach wie vor ist es dort ziemlich ländlich, und es gibt dort viele Zone 30-Wohngebiete mit vielen Einfamilien- oder Reihenhäusern aus meist roten Backsteinen, die von ordentlichen Gärten umgeben sind. Prinzipiell fand ich es damals aber sehr schön, in einer Umgebung mit Garten aufzuwachsen. Weil meine Großeltern Gärtner von Beruf waren, konnte ich so auf spielerische Art und Weise viel von ihnen über Pflanzen lernen.

Ein Foto im Wohnzimmer meiner Eltern erinnert mich auch heute noch jedes Mal daran, wie „normal" meine Jugend war. Denn als Randereignis im Jahr 1987, als in ganz Deutschland der berühmte Zensus (Volkszählung) durchgeführt wurde, berichtete ein lokales Käseblatt über meine Familie als Beispiel für DIE „normale" deutsche Durchschnitts-Familie: Eltern mit zwei Kindern, durchschnittliches Haushaltseinkommen, Häuschen mit Garten... Damals fand ich es toll, normal oder „Durchschnitt" zu sein, aber mittlerweile finde ich den Gedanken ziemlich erschreckend.

Kürzlich fragte mich mal jemand, was mir als Kind Spaß gemacht hatte. Nach einigem Überlegen fielen mir so Dinge ein wie Puzzle oder Detektiv spielen, Häuser aus Papier basteln, mit Lego bauen oder Kreuzworträtsel lösen... – eine Leidenschaft für Knobel-Aufgaben hatte ich also schon damals. Oder ich spielte mit meiner Großmutter Stadt-Land-Fluss bzw. lernte auf gemeinsamen Radtouren mit ihr Blumen erkennen. So war ich, glaube ich, ein ziemlich pflegeleichtes Kind. Sehr zum Stolz meiner Eltern hatte ich bis zum Alter von etwa zehn Jahren schon mehr Malwettbewerbe und Preisausschreiben gewonnen als manch anderer in seinem ganzen Leben. Auch wenn ich nicht immer alles tat, was man (also meine Eltern) von mir erwartete, so war ich zumindest gut in der Schule und habe auch noch in der Pubertät die Regeln, Werte und Überzeugungen (politisch wie religiös) meiner Eltern meistens relativ wenig hinterfragt.

Und so bekam ich zur Konfirmation neben den Geschenken von meiner Verwandten auch viele „Aufmerksamkeiten" von Parteifreunden und Bekannten meiner ziemlich engagierten Mutter. Ich fand es damals zwar seltsam, mich bei Menschen bedanken zu müssen, die ich persönlich quasi gar nicht kannte, tat dies aber brav, weil „es sich ja so gehört". Erst heute, wo ich diese Zeilen schreibe, kommt mir der Gedanke, dass sich meine Mutter über diese Höflichkeitsgeschenke vermutlich mehr gefreut hat als ich.

Erst mit etwa vierzehn Jahren, also vergleichsweise spät, fing ich an mich nicht mehr mit dem Klamottengeschmack meiner Mutter zu identifizieren, die mir bis zu dem Zeitpunkt immer die Kleidung nach ihrem Geschmack und Budget ausgesucht hatte. Ausschlaggebend war vermutlich das Erlebnis, dass ich in der Schule von meinen Klassenkameraden wegen meiner rosafarbenen Cordhose mit Blümchen-Muster, die meine Mutter mir gekauft hatte, gehänselt worden war. Dass ich darüber hinaus noch einigermaßen gute Noten in der Schule hatte, machte es für mich nicht leichter. Wie mir erst während der Schreibphase an diesem Buch so richtig bewusst wurde, war dieses Erleben von „ausgeschlossen sein", von Nicht-Zugehörigkeit, für mich vermutlich so prägend, dass ich in den folgenden Jahrzehnten alles

Mögliche unternahm, um dieses Gefühl nie wieder erleben zu müssen. Leider auch einiges, das über meine eigentlichen Grenzen ging oder gar nicht meinen Werten entsprach, was mir natürlich damals gar nicht bewusst war ...

Jedenfalls brauchte ich, um „dazuzugehören", natürlich ab diesem Zeitpunkt einen Nebenjob, denn die dabei unterstützende, in den Augen meiner Klassenkameraden „modische" Kleidung trug meistens einen Markennamen und überschritt deshalb das mir von meinen Eltern zugestandene Kleidungsbudget sehr deutlich.

Also besserte ich mein Budget mit Nachhilfestunden in meinen späteren Leistungskurs-Fächern Mathe und Englisch und später zusätzlich noch durch Kassierer-Tätigkeiten in unserem örtlichen Freibad auf. Wiederum noch später arbeitete ich zur Finanzierung meines Führerscheines samstags vormittags in einer Bäckerei im örtlichen Supermarkt. Dass ich damit häufig dann arbeitete, wenn andere draußen in der Sonne ihre Freizeit und Wochenenden verbrachten, fiel mir damals gar nicht auf...

Die typische Rebellionsphase einer Pubertierenden, die sich üblicherweise durch chronisches „Dagegen-Sein" auszeichnet, äußerte sich bei mir glaube ich eher verhalten. Kürzlich las ich irgendwo, dass das Auslassen dieser Phase des „Nein-Sagens" in einem hohen Maße die Findung der eigenen Ich-Stärke beeinträchtigt – einer Aussage, der ich zumindest in Bezug auf mich im Nachhinein hundertprozentig zustimmen kann. Und die mir erklärt, warum meine nachfolgenden biografischen Schritte, von denen Sie noch lesen werden, eigentlich nicht wirklich überraschend waren.

Erst mit etwa achtzehn Jahren fing ich an, für meine Eltern unbequem zu werden. Primär begann alles damit, dass ich eine Beziehung mit meinem ersten „wirklichen" Freund Marco begann, den sie nicht mochten, weil er in ihren Augen viel zu vorlaut, direkt und „aufmüpfig" war. Einiges davon stimmte vielleicht auch, aber auf manche Dinge muss man eben selbst kommen, vor allem wenn man in dem Alter ist. Wenn ich jedenfalls eines von Marco lernte, so war es, dass die Meinung meiner Eltern – die ich bis dahin nur wenig hinterfragt hatte –

nicht die einzig selig machende war. Ansonsten hatte das Hausverbot, das sie ihm erteilten – vermutlich um einen trennenden Keil zwischen uns zu schieben – eher den gegenteiligen Effekt: Da ich den Großteil meiner Freizeit mit und bei Marco verbrachte, war ich nun noch weniger zu Hause anzutreffen.

Später, als ich mich im Radius von etwa 150 Kilometern um Hamburg herum um einen Ausbildungsplatz bewarb, fing er an, mir bei einer Distanz Hamburg – Kiel (also etwa 100 Kilometer), die Hölle heiß zu machen, weil das ja „so weit weg" sei. Selbstredend nahm ich weder einen Ausbildungsplatz in Bremen noch einen in Kiel an. Aber ich nahm dies zum Anlass, auch mal selber auf den Gedanken zu kommen, dass er mich vor allem deshalb von meinem beruflichen Vorankommen abhalten wollte, weil er selbst nur bedingt ehrgeizig war. Ich beschloss, dass ich mich zukünftig nie mehr von einem Mann von etwas abhalten lassen wollte, was mir entweder wichtig war oder mir eine berufliche Unabhängigkeit ermöglichen würde (oder sogar beides).

Zur Erleichterung meiner Eltern trennten wir uns dann bald darauf, ungefähr zu dem gleichen Zeitpunkt als ich mein Duales Studium zur Wirtschaftsingenieurin an der Nordakademie begann. Natürlich musste ich in den Vorstellungsgesprächen immer begründen, warum und wieso ich (als Frau) unbedingt Wirtschaftsingenieurin werden wollte. Dabei war es für mich einfach die perfekte Synthese aus den Berufen meines Vaters, eines Ingenieurs, und meiner Mutter, einer kaufmännischen Angestellten – anscheinend hatte ich für beide Interessenseiten schon eine genetische Disposition entwickelt.

Burnout – Vom Jakobsweg zurück ins Leben

Eine Idee macht (Hoch-)Schule

Das damals (in den Neunzigern) Besondere an dem Konzept der kleinen privaten aber staatlich anerkannten Fachhochschule war, dass die Studierenden neben ihrer akademischen Ausbildung an der Hochschule während der gesamten Studiendauer auch praktische Erfahrungen in einem Kooperationsunternehmen sammelten. Heute ist das natürlich weit verbreitet.

Und so begann für mich ein neuer, spannender Lebensabschnitt. Neben dem Studium absolvierte ich den dazugehörigen Praxis- beziehungsweise Ausbildungspart in einem im Hamburger Westen ansässigen Unternehmen der Schiffbau-Zulieferbranche. Was für mich bedeutete, für die nächsten vier Jahre täglich etwa 60 Kilometer an unterschiedliche Standorte zu pendeln.

Deshalb schenkte mir mein Vater ein halbes Auto. Die andere Hälfte schenkte ich mir selber, was die Wertschätzung meinerseits für das Auto eher verstärkte. Nein im Ernst, nachdem ich zeitweise in meinem „Polo-chen" meinen halben Hausstand oder Aktenordnerschrank transportierte, hatten wir zwei – mein Auto und ich – schon eine sehr innige Beziehung. Mein Polo hatte sogar einen Namen: „Schnuckelchen" – aber dazu später mehr.

Die ersten paar Monate ging es jedenfalls allmorgendlich ins Ausbildungszentrum in die Lehrwerkstatt. „Morgen" hieß dabei um Punkt sieben Uhr antreten, was bei etwa einer Stunde Fahrtzeit (unter Berücksichtigung eines ordentlichen Frühstücks) etwa um fünf Uhr aufstehen bedeutete. Zu spät kommen gleich zu Beginn kam nicht gut an. Ja, und „Lehrwerkstatt" hieß Drehen, Fräsen, Feilen, Schweißen, Strippenziehen, Körnerpunkte holen gehen und selbige an Siemens-Lufthaken befestigen... Die üblichen Spielchen halt, die man mit Azubis so macht, und noch lieber mit weiblichen Azubis.

Mit Belustigung denke ich immer wieder noch ganz gern an das tägliche Mittagessen in der Lehrwerkstatt zurück, denn aus Kostengründen wurde das Essen von einem externen Kantinenservice zubereitet und später nur noch in Alu-Näpfen serviert. Das Highlight war dabei sehr häufig der Joghurt, den es zum Dessert gab – ebenfalls aus Kostengründen wurden nämlich immer Restposten oder Wechselchargen erstanden, das sind die Erzeugnisse, wo Deckelaufdruck und Inhalt nicht zwingend zusammen passten. Und so kam es häufig, dass man sich anhand des Aufdrucks auf Heidelbeer-Geschmack freute, aber dann später enttäuscht feststellen musste, dass doch nur Erdbeer im Becher war.

Aber zum Glück durften wir dann nach ein paar Wochen in den richtigen Betrieb und im November ging es endlich zum Einführungstag an die Nordakademie – damit wir uns nicht so verloren vorkamen, wenn im Januar des Folgejahres unser Semester begann. Natürlich wurden auch dort die „Quietschies" (wie die Neulinge immer genannt wurden) ganz kräftig auf die Schippe genommen. Mit einem von denen, die die Schippe am kräftigsten geschwungen hatten, entstand auch sogleich eine länger währende Feindschaft, die erst etwa drei Jahre später beerdigt wurde.

Gleichzeitig mit Ausbildungsbeginn begann für mich aber auch eine regelrechte Party-Zeit... Ob mit den Mit-Azubis oder den Freunden aus der Schulzeit oder auch mal alleine, ich glaube ich war jedes Wochenende zum Abrocken auf der Hamburger Disco-Piste unterwegs. Dabei erwies sich mein Auto als extremer Freiheits- und Flexibilitätsgewinn, denn mit öffentlichen Verkehrsmitteln hätte ich etwa gegen Mitternacht die Heimreise antreten müssen wenn ich nicht drei Stunden mit dem Nachtbus durch die Außenbezirke von Hamburg hätte fahren wollen. Wobei die Party in den Hamburger Diskotheken ja gegen Mitternacht erst losging! Naturgemäß waren bei diesen Aktionen auch ziemlich viele Männer mit im Spiel, vor allem weil ja im Azubi-Umfeld die Frauen doch eher in der Unterzahl waren. Mir gefiel es gut, dauernd „das Huhn im Korb" zu sein und entsprechende Aufmerksamkeit und Komplimente zu bekommen.

Im neuen Jahr (1995) ging es dann gleich weiter mit meinem ersten Semester an der Nordakademie. Das Tempo im Unterricht empfand ich als ziemlich knackig, Anwesenheitspflicht hatten wir ohnehin und neben der Akademie gab es auch noch ziemlich viele Aktivitäten mit den anderen Azubis. Allerdings nur etwa bis zum zweiten Semester, als ich die legendären Kellerbar-Partys schätzen lernte. Außer an Cocktails oder anderen alkoholischen Getränken erfreute ich mich damals – ja, ich bekenne mich hiermit dieser geschmacklichen Entgleisung schuldig – auch zutiefst an Schlagern à la „Aber bitte mit Sahne" oder Dieter Thomas Kuhn. Selbstredend hatten neben der Nordakademie nur noch wenig andere Interessen Platz und Zeit in meinem Leben. Denn das war ja mit Lernen, Klausuren, Partys und ehrenamtlichem Studi-Engagement wie Dozenten-Bewertung relativ gut ausgefüllt – „Hart feiern & hart arbeiten" war das Motto, beziehungsweise anders herum.

Passend zu dem Lied „Life is a highway – I wanna ride it all night long..."[3] war ich während der Semester-Zeiten eigentlich nur noch zum Schlafen und Wäsche wechseln zu Hause. Mein Festnetz-Anschluss zu Hause hatte Erholungsurlaub. Dafür ermöglichte mir die Standard-Möblierung im Kofferraum meines Autos (nämlich mein Schlafsack, ein Kopfkissen, die Inline-Skates und die Faltkiste mit diversen Ordnern, die ich für die Vorlesungen brauchte) wochenlange 18-Stunden-Tage auszuhalten. Gelegentlich kam es vor, dass ich voller Begeisterung gegenüber meinen Kommilitonen von meinem „Schnuckelchen" schwärmte – was insbesondere bei den Herren für Irritationen sorgte, dachten diese doch, es handelte sich um eine Person.

Aber auch während der eigentlichen Praxis-Phasen im Unternehmen fuhr ich immer häufiger mal nach Feierabend an der Nordakademie vorbei, um Sommerfeste oder Kanutouren zu organisieren. Was zur Folge hatte, dass ich bald nicht nur alle Dozenten, sondern auch so ungefähr jeden der damals etwa 350 Studenten kannte – vor allem diejenigen, die eine besondere Affinität zur Kellerbar hatten. Kaum, dass ich nicht selbst noch eine Inventar-Nummer an der Hochschule verliehen bekommen habe. Immerhin hatte es dazu gereicht, dass ich irgendwann sogar von Dozenten, die unseren Jahrgang noch gar nicht unterrichtet hatten, schon namentlich begrüßt wurde.

---

[3] von Tom Cochrane

Sehr genossen habe ich übrigens auch mein dreieinhalb-monatiges Praktikum in Paris, das ich bei der Sparte für elektronische Bauteile eines großen deutschen Industrie-Unternehmens absolvierte, von dem man sagt, es sei eine Großbank mit angeschlossener Haushaltswarenabteilung. Neben der etwas frustrierenden Erfahrung, dass ich meine Französisch-Kenntnisse anscheinend deutlich überschätzt hatte (denn sie erfüllten die Erwartungen meiner Betreuerin bei weitem nicht), hatte ich auch zum erstem Mal in meinem Leben einen ganz eigenen Hausstand – wenn dieser auch nur aus zwei kleinen Zimmerchen mit Etagen-Klo im fünften Stock unterm Dach bestand. Dafür waren diese superzentral etwa 100 Meter vom Triumphbogen entfernt gelegen und wenn ich im Frühling auf meinen etwa 1,2 Quadratmeter großen Balkon ging, konnte ich sogar noch den Eiffelturm sehen. Und so lernte ich in Paris (neben Französisch) auch noch den Lebensqualitäts-Vorteil einer zentralen Wohnlage kennen – nachts um 23 Uhr auf den Champs-Elysée CDs einkaufen gehen zu können fand ich als „Vorstadt-Kind" schon extrem cool.

Mein Autochen hatte ich währenddessen zwar dabei, aber das stand aufgrund der zentralen Lage und guten Metro-Anbindung überwiegend herum und kassierte Strafzettel für nicht bezahlte Parkgebühren. Während dieser Zeit in Paris lernte ich Christoph aus München kennen, der im selben Bereich wie ich ein Praktikum machte – Menschen gleicher Nationalität scheinen sich im Ausland immer zu treffen… Natürlich verbesserte das meine Französisch-Kenntnisse nicht wirklich, aber immerhin war er ähnlich weltenbummlerisch veranlagt wie ich, so dass ich ihm im Nachhinein viele Kontakte und Anknüpfungspunkte an neue Städte verdanke.

Entsprechend schwierig war natürlich die Rückkehr unter den Tisch meiner Eltern, denn vor allem meine Mutter führte sich in der ersten Zeit so auf, als ob ich zehn Jahre nicht zu Hause gewesen wäre und mich da überhaupt nicht auskennen würde – was ziemlich nervte.

Leider ging der Business Case, mir von meinem Azubi-Gehalt (brutto etwa tausend damals noch D-Mark), eine eigene Wohnung in Hamburg leisten zu können, nur bedingt auf. Denn zum einen verlangten die meisten Vermieter eine Bürgschaft, die mir meine Eltern nicht geben wollten. Und zweitens hätte ich mir dann entweder einen Zweitjob zulegen oder mein geliebtes Auto abschaffen müssen, um selbst meinen Lebensunterhalt finanzieren zu können. Dadurch hätte natürlich für mich in beiden Fällen der dadurch gegebene Verlust an persönlicher Freizeit bzw. Freiheit in keinem Verhältnis zu einem für mich erkennbaren Nutzen gestanden. Und so entschied ich mich dann doch dafür, für den Rest meines Studiums weiter im „Hotel Mama" wohnen zu bleiben.

So im Nachhinein erinnere ich mich noch sehr genau, dass ich damals Tage oder Momente ohne den Kontakt zu Freunden oder Bekannten (vorzugsweise männlichen, die meinem Ego schmeichelten) häufig als sehr langweilig empfand und dann oft zum Telefonhörer griff, um diese lange Weile mit Unterhaltung zu füllen. Interessanterweise betrachtete ich diese Zeit damals als erfüllend und als „das wahre Leben" und freute mich über das Gefühl „nur einmal jung zu sein". Ob mir das Ganze wirklich Spaß und Erfüllung bereitet hat oder ich mich letztendlich nur durch die Komplimente und das damit verbundene Zugehörigkeitsgefühl beziehungsweise durch die Flirts und Aufmerksamkeit meiner überwiegend männlichen Kommilitonen habe einlullen lassen, lässt sich im Nachhinein nicht mehr eindeutig sagen. Vielleicht lenkte mich aber dieses ganze wunderbare „Leben auf der Überholspur" aber auch nur sehr unterhaltsam davon ab, mich mit meiner eigentlichen Sehnsucht und inneren Leere auseinandersetzen.

Wenn ich heute so an die damalige Zeit zurückblicke, muss ich gestehen, dass ich mich glaube ich damals in vielen meiner Beziehungen ziemlich rücksichtslos verhalten habe. Sobald schwierige Zeiten auftauchten, ob durch klausurbedingten Prüfungsstress oder temporäre Ortsabwesenheit des anderen, schmiss ich häufig schnell das Handtuch. Im Nachhinein fällt es mir schwer, mich dafür nicht zu hassen.

Die Autofreaks – oder: Das Leben auf der Überholspur

Einer langweiligen Informatik-Vorlesung im 7. oder 8. Semester an der Hochschule ist es letztendlich zu verdanken, dass ich zu meinem ersten „richtigen" Job nach meinem Studium kam. Ein mir bis dato nicht bekannter Informatik-Freak hielt eine (Gast-)Vorlesung über die Programmiersprache JavaScript. Dieser sicherlich hochkreative Mensch war nicht nur extrem von seinem Thema begeistert, sondern auch so im Thema, dass er mit seinem Tempo bereits nach etwa zwanzig Minuten ungefähr achtzig Prozent der anwesenden Studenten inhaltlich abgehängt hatte – so auch mich. Was sollte ich also tun bis zum Ende der Vorlesung? Mit den anderen abgehängten Kommilitonen zu quatschen würde sicherlich die unter Umständen noch vorhandenen interessierten Zuhörer stören, daher entschied ich mich kurzer Hand dazu, die verbleibende Vorlesungszeit „sinnvoll" zu verwenden und begann klammheimlich und leise damit, im Internet nach potenziellen zukünftigen Arbeitgebern zu surfen – von denen ich auch etliche fand.

Wie viele Bewerbungen ich damals genau schrieb, weiß ich nicht mehr ganz genau, aber es waren sicherlich an die zwanzig bis dreißig, die mich zu Bewerbungsgesprächen durch die halbe Republik führten. Und so war ich aus mehreren Gründen froh, als ich endlich im Frühjahr 1998 eine Zusage bei einem größeren Münchner Arbeitgeber in der Automobilbranche bekam.

Zum einen war die Position im Produktkosten-Controlling für Produkte in der Entwicklung exakt der Job, den ich mir gewünscht hatte, denn es war und ist eine ideale Aufgabe für Wirtschaftsingenieure, um sowohl technische wie auch betriebswirtschaftliche Kenntnisse optimal zum Einsatz zu bringen. Und das Ganze in einer äußerst spannenden Branche! Auf jeden Fall erschien es mir deutlich attraktiver, als in einem Waschmittel-Unternehmen Zahlen zu jonglieren.

Und zum anderen – ja, München! Denn von all den anderen Städten, in denen ich sonst noch so Bewerbungsgespräche geführt hatte, hatte ich nirgendwo jemanden gekannt, so dass der Sprung in eine neue Arbeitsumgebung auch den Aufbau eines neuen Freundeskreises beinhaltet hätte. Aber in München kannte ich sogar gleich zwei Personen: Zum einen Christoph, den ich während meines Praktikums in Paris kennengelernt hatte und zum anderen gab es da noch Veronika, meine frühere Mit-Azubine aus meiner Ausbildungsfirma und Studienkollegin zwei Jahrgänge über mir, die – wie sich später herausstellte – sogar in der gleichen Abteilung wie ich arbeitete.

Und wie es der Zufall so wollte, fand ich innerhalb von nur einem Besuchs-Wochenende im Juli auch gleich eine tolle Wohnung. Die war nicht nur vergleichsweise günstig, sondern auch noch richtig zentral gelegen. Selbst mit dem Fahrrad brauchte ich nur etwa zwanzig Minuten, um in die Arbeit zu kommen. Was natürlich besonders toll war, war, dass ich im Gegensatz zu der Vorort-Kleinstadt, in der ich aufgewachsen war, dort auch noch nach einem längeren Arbeitstag um 19 Uhr geöffnete Supermärkte oder Bekleidungsgeschäfte fand. Außerdem gab es in unmittelbarer Umgebung etliche nette Kneipen um „noch mal schnell" zu Happy-Hour-Preisen einen Cocktail zu trinken. So nutzte ich natürlich vor allem in den ersten paar Jahren diese ganzen Möglichkeiten sehr intensiv.

Zudem hatte ich super nette Arbeitskollegen, von denen viele im gleichen Alter wie ich waren und die auch gerade erst frisch nach München gezogen waren und deshalb auch nur wenige Kontakte außerhalb der Arbeit hatten. Und so zogen wir auch in unserer Freizeit häufig zusammen durch die Kneipen, gingen zusammen zum Squash-Spielen oder am Wochenende in die Disco zum Tanzen. Oder wir luden uns gegenseitig zu Geburtstagsfeiern ein. Das Ganze funktionierte ungefähr so lange, bis einer nach dem anderen eine Freundin bzw. einen Freund hatte...

Was mir allerdings auch ganz recht war, denn irgendwann empfand ich es als etwas einseitig, auch in meiner Freizeit dauernd über die Arbeit zu reden. Und so war ich dann ganz froh, als mich Christoph irgendwann einmal fragte, ob ich nicht mal mit ihm und seiner Clique mit an den Gardasee kommen wollte. Ein nachhaltiges Erlebnis, denn dort machte ich nicht nur die Bekanntschaft mit vielen neuen Leuten außerhalb des Arbeitsumfeldes, sondern hatte seitdem auch ein neues Hobby: Mountainbiken.

Parallel dazu begann ich eine Beziehung mit Albert, einem Arbeitskollegen, der allerdings in einer ganz anderen Abteilung arbeitete und den ich über gemeinsame Bekannte kennengelernt hatte. Außer dass die Freizeit dadurch natürlich doch wieder mit mehr Arbeitsthemen gespickt war, bereicherte er mein Leben durch ganz andere – für meine Verhältnisse neue – Aspekte. Denn auch wenn wir beide vom Sternzeichen her Wassermann sind, war er mit seiner ruhigen, ausgeglichenen und häuslichen Art eher das krasse Gegenteil von mir, die ich damals dauernd durch die Gegend zog. Zumindest war es mir bis dahin neu, dass man Visual-Basic-Programmieren oder Kurzwellen-Radio-Hören als Hobbies haben konnte. Aber abgesehen davon teilten wir nicht nur viele gemeinsame Interessen, zum Beispiel das Mountainbiken und Reisen und konnten viel gemeinsam lachen. Sondern es herrschte trotz unserer Unterschiedlichkeit auch ein großes Verständnis zwischen uns, das ich so bisher noch nicht erlebt hatte. Gleichzeitig zeigte er mir durchaus auch mal auf liebevolle Art meine Grenzen auf, was ich mir bisher auch nicht wirklich hatte bieten lassen. Und obwohl es mir natürlich einerseits gut tat, mich auch mal eher ruhigeren Sachen zu widmen, fühlte ich mich andererseits auch manchmal ausgebremst und zog dann doch wieder alleine (beziehungsweise mit anderen aber ohne ihn) durch die Gegend. Denn meine Abenteuerlust war nach wie vor ungebremst. Oder sollte ich besser sagen: Die Suche nach dem ruhenden Pol in mir selbst?

In der gleichen Zeit und auch später noch lernte ich an meinem ersten Job und dem damit verbundenen eigenen Einkommen schätzen, dass ich mir nun – nachdem ich während des Studiums eher immer nur kurzurlaubsweise weggefahren war – auch längere Urlaubsreisen leisten konnte. Die ich auch dringend brauchte, um mich nach meinen Überstunden-intensiven Arbeitsphasen wieder zu regenerieren...

Meiner Abenteuerlust sehr entgegen kamen dabei die Rucksack-Reisen. Denn nachdem für meine Eltern ein Urlaub immer vergleichsweise bodenständig, durchstrukturiert und -organisiert gewesen war, fand ich es toll, außer einem Flug, der grob das Urlaubsziel vorgab, und einem entsprechenden Reiseführer nichts organisiert zu haben. So konnte ich spontan dort bleiben, wo es mir gefiel. Dadurch, dass ich jede Nacht mehr oder weniger an einem anderen Ort verbrachte und mich hauptsächlich mit den gleichen Verkehrsmitteln wie die Einheimischen fortbewegte, konnte ich nicht nur kostengünstig reisen (was mein Controller-Herz begeisterte) sondern mein jeweiliges Reiseziel natürlich auch sehr intensiv, bunt, lebendig und hautnah kennenlernen. Sozusagen mit allen Sinnen, denn „lebendig" schloss meistens eine gewisse Lautstärke und auch Geruchsintensität mit ein...

Da mein Arbeitgeber irgendwann beschloss, im Jahresabschluss keine bilanziellen Rückstellungen für Überstunden mehr vorhalten zu wollen, wurde die Belegschaft mehr oder weniger komplett dazu angehalten, zum Jahresende vollständig Resturlaub und Überstunden abzubauen. Einer meiner Kollegen prägte dafür mal den Ausdruck „digitales Arbeiten": Während des Jahres wochen- oder gar monatelang 130 % geben und am Jahresende wochenlang Überstunden abbummeln.... (Unter dem Gesichtspunkt einer ausgewogenen Work-Life-Balance würde ich heute ein solches Vorgehen nicht mehr wirklich befürworten). Damals schätzte ich jedoch an diesem Resturlaub in der Weihnachtszeit und an meinen damaligen Reisezielen besonders, dass sie mir den dunklen, feuchten und kalten mitteleuropäischen Winter erheblich verkürzten.

Außerdem gingen die Reisen häufig ans Meer, so dass ich irgendwann – eigentlich eher zufällig – das Tauchen für mich entdeckte. Wenn ich heute so darüber nachdenke, war es damals für mich die einzige Art und Weise, wie ich Ruhe und Stille wirklich wertschätzen und aushalten konnte, denn unter Wasser müssen bekanntermaßen selbst die größten Laberbacken (und davon gibt es viele unter Tauchern) die Klappe halten. Gleichzeitig lernte ich durch einen engen, achtsamen und kameradschaftlichen Kontakt zur Unterwasserwelt Kraft und Erholung für mich zu schöpfen.

Denn Kraft und Erholung schöpfen hatte ich ziemlich nötig bei meinem Lebenswandel (oder wie man auf neudeutsch sagt: „Lifestyle"). Wenn ich diesen mit einem Liedtitel beschreiben sollte, wäre wahrscheinlich „Ja, ich weiß, es war 'ne geile Zeit, uns war kein Weg zu weit..." von der Gruppe Juli sehr zutreffend.

Denn in der Tat war für mich selten ein Weg zu weit, kein Sport-Programm war mir zu viel oder kein Berg zu hoch. Einen zu Hause verbrachten Urlaub empfand ich damals nicht als „richtigen" Urlaub. So fuhr ich mit verschiedenen Freundeskreisen im Winter an den Wochenenden zum Skifahren in die Berge. Und im Sommer unternahm ich häufige Kurz-Urlaubsreisen in europäische Großstädte oder zum Tauchen nach Kroatien oder an den Gardasee, um mit meinem neuen Freund, dem Mountainbike, immer neue Berge zu bezwingen. Häufig war ich dabei mit meinen männlichen Kumpels unterwegs, denn das „Damenprogramm" von deren Freundinnen war mir meistens zu langweilig.

Als kleine „Bonbons", um mir meinen arbeitsintensiven, mal mehr, mal weniger abwechslungsreichen bis herausfordernden Alltag zu versüßen, ging ich unter der Woche mit Freunden auf Afterwork-Partys oder im Sommer auf die wöchentlich stattfindende Bladenight. Außerdem hatten wir uns mit ein paar Leuten zusammen ein Beachvolleyball-Set gekauft, das wir regelmäßig im Englischen Garten nutzten.

Als große „Bonbons" unternahm ich dann ein paar Jahre lang regelmäßig Fernreisen oder Tauchurlaube (oder beides kombiniert), vorzugsweise im Winter. Diese buchte ich meistens ziemlich kurzfristig, so dass ich häufig eine Woche vorher noch gar nicht genau wusste wohin die Reise ging. Überwiegend verreiste ich alleine, denn die Mehrheit meiner Freunde gab es mittlerweile nur noch im Doppelpack, oder sie hatten keine Zeit, wenn ich Urlaub nehmen wollte oder musste. Deshalb fand ich an Tauchreisen besonders praktisch, dass man auf Tauchbasen eigentlich immer Anschluss findet, auch oder vor allem wenn man alleine verreist – und ich muss sagen, von der einen oder anderen Tauchbekanntschaft von damals bekomme ich auch heute noch immer mal wieder Emails mit netten Unter- oder Überwasser-Fotos von deren Tauchreisen.

Irgendwann 2003 lernte ich dann doch tatsächlich den Komfort meiner eigenen vier Wände als Ruhepol schätzen – wurde ja auch langsam Zeit, immerhin ging ich hart auf die 30 zu... Der Tatsache, dass der Rahmen meines ersten Mountainbikes innerhalb der Gewährleistungszeit einen Riss bekam, war es zu verdanken, dass ich Fahrrad-Nico kennenlernte – den charmanten, gutaussehenden Ansprechpartner des Fahrrad-Herstellers für die Region Bayern. Extrem kundenorientiert und redegewandt war er außerdem. Denn er sorgte nicht nur dafür, dass mir auf Kosten seines Hauses der defekte Rahmen ausgetauscht wurde, sondern er organisierte mir außerdem noch eine gefederte Sattelstütze als kleines Bonbon. Für das er sich zwar nicht bezahlen lassen wollte, „sich aber gerne mit Naturalien bestechen" ließ. Und bevor hier zweideutige Gedanken aufkommen, in diesem Falle handelte es sich um eine Runde Eis.

Bei der Gelegenheit lud er mich in seine unschlagbare Kneipe ein, die er nebenberuflich zusammen mit seinen Geschwistern betrieb und die für das folgende Jahr meine Stammkneipe wurde. Und das natürlich nicht nur seinetwegen, sondern auch weil die Cocktails saulecker und der Service einfach immer großartig waren. Davon, dass ich ihm mindestens sechs Monate hinterher schmachtete, bekam er entweder nichts mit oder war so diskret, dass er sich galant nichts anmerken ließ.

Dadurch, dass ein Großteil meines Freundeskreises mittlerweile Eltern geworden war und daher für Kneipentouren nicht mehr unbedingt zu haben war, war ich recht froh, als ich bei einer dieser Kneipenbesuche die damals 24-jährige Natascha kennenlernte, die mich von da an öfters durchs Münchner Nachtleben zerrte. Natascha war ein echtes Partymäuschen: hübsch, schlank und mit stark gestyltem Äußeren. Und so waren die Abende nicht nur besonders lang, sondern meistens auch ziemlich alkoholreich. Sie selbst war abends immer ziemlich lasziv angezogen und fand es extrem cool, Karaoke zu singen und an der Stange zu tanzen. Ich selbst fand es gleichermaßen lustig, mutig und sexy, zumindest solange sie es tat. Ich selbst war dafür meistens nicht betrunken genug, um mich das zu trauen...

Amüsanterweise war sie, die sechs Jahre Jüngere, der Meinung, mir erklären zu müssen, wie man sich besonders „cool" anzog oder dass es hilfreich sei, wenn man sich Männer angeln wollte, bloß keine Gefühle zu zeigen. Dass bei ihrer Methode für sie meist auch nicht mehr als One-Night-Stands herauskamen, obwohl sie sich eigentlich eine Beziehung wünschte, schien ihr damals entgangen zu sein...

So amüsant und unterhaltsam wie dieser ganze Lebenswandel einerseits auch war, zehrte er wiederum sehr an mir, denn im Gegensatz zu Natascha war ich immerhin sechs Jahre älter und musste morgens regelmäßig gegen sechs Uhr aufstehen. Außerdem arbeitete ich mit einer ziemlichen Regelmäßigkeit um die fünfzig Stunden in der Woche und nahm auch an den Wochenenden gelegentlich das eine oder andere Thema gedanklich mit nach Hause. Mittlerweile hatte ich nämlich einen Job im Einkauf angenommen, was außer regelmäßigen Dienstreisen auch bedeutete, dass ich mich in einem täglichen Slalom um hochpolitische Tretminen und Fettnäpfchen üben durfte. Was mich sehr forderte, denn nichts lag mir damals ferner als taktische und politischen Spielchen...

Zu meinem 30. Geburtstag flüchtete ich – weil es sich gerade anbot – gleich die ganze Woche zum Tauchen und Mountainbiken nach Teneriffa. Dankenswerterweise hatte sich meine Freundin Veronika bereit erklärt, mich für die letzten vier Tage in meiner „Trauer" und beim Mountainbiken zu unterstützen. Und weil ich den Urlaub mit einer durchfeierten Party-Nacht, zu der mich Natascha mehr oder weniger überredete, begann, kam ich natürlich fix und fertig in meinem Feriendomizil an.

Ich brauche nicht weiter zu erwähnen, dass ich die nächsten drei Tage bevor Veronika ankam außer Tauchen, Essen, Shoppen und Schlafen nicht viel zustande gebracht habe... Leider bekam ich pünktlich am Tag vor meinem Geburtstag beim Tauchen die Kopfschmerzen meines Lebens, so dass ich dann tatsächlich sehr froh über die Unterstützung von Veronika war, als sie in der Mitte der Woche nachkam. Für den Fall, dass sich so Migräne an fühlt, war ich jedenfalls froh, nicht öfter daran leiden zu müssen. Außerdem hoffte ich, dass ich dieses nicht als ein Zeichen in Hinblick auf mein zukünftiges „Alter" werten sollte...

Zum Glück verschwanden die Kopfschmerzen dann auch wieder, nachdem ich beschlossen hatte, das Tauchen vernünftigerweise für den Rest des Urlaubs sein zu lassen. Stattdessen holte ich am anderen Ende der Insel die vorbestellten Mountainbikes für Veronika und mich ab, so dass es dank ein paar schöner Radtouren auch noch wirklich ein schöner Urlaub wurde.

Natürlich war es eigentlich nicht wirklich überraschend, dass ich zu der Zeit des Feierns und kurzer Nächte – während ich wochentags schonungslos und pflichtschuldig im Büro meinen Dienst tat – andauernd erkältet war. Ich ließ mich auch weder davon abhalten, mich tapfer ins Büro zu schleppen noch am Wochenende weiterhin auf Tour zu gehen, auch wenn es zur Abwechslung mal eine Schneeschuh-Tour im Karwendel-Gebirge war. Klar, dass mir mein Körper dann irgendwann mal eine gelb-rote Karte zeigen musste, um mich zur Ruhe zu bewegen. Und so beschenkte er mich ein wenig verspätet zu meinem Dreißigsten mit einem Tinnitus.

Aber trotz dieses doch mittlerweile recht deutlich hörbaren Warnsignals meines Körpers, das eigentlich weder im Wortsinn noch im übertragenen Sinn mehr zu überhören war, ließ ich mich von der Überholspur meines Lebens allenfalls kurzfristig abbringen. Sobald es wieder Sommer wurde, trieb ich mich in meiner Freizeit regelmäßig in der europäischen Weltgeschichte herum, sei es zum Wandern oder Mountainbiken in den (Vor-)Alpen oder zum Tauchen in Kroatien oder Holland.

Aber diese Art der Abwechslung brauchte ich auch – zum Ausgleich beziehungsweise zur Ablenkung von meiner Arbeit. Denn mein Job bestand mittlerweile aus 45-50 Stunden-Wochen. So fragte ich mich immer häufiger, ob es normal sei, wenn man vor lauter Arbeit kaum noch Lust hatte wegzugehen oder freitags regelmäßig gereizt in Tränen ausbrach, wenn jemand mit einem auch nur ansatzweise komplizierten oder konfliktbehafteten Anliegen kam. Zunehmend hatte ich das Gefühl, mir fehlte die Luft zum Atmen – und genau deshalb hatte ich das Bedürfnis, so oft in die Berge, zum Biken oder zum Tauchen gehen zu müssen. Denn wenn mir dort frischer Wind um die Ohren wehte, wusste ich wieder, warum ich dort war.

Burnout – Vom Jakobsweg zurück ins Leben

Wie es zum Jakobsweg kam

Und so dauerte es noch ein wenig, bis sich etwa ein Jahr später, 2005, etwas änderte – beziehungsweise ich änderte etwas. Auch wenn ich gar nicht mehr genau sagen kann, wie ich drauf kam, eine Massage-Ausbildung zu beginnen. Ich glaube, es war der Wunsch als Ausgleich zu meiner langjährigen Controller-Tätigkeit, während der mich die Leute lieber von hinten (im Gehen) als von vorne (im Hereinkommen) gesehen haben, endlich auch mal Menschen mit meiner Anwesenheit und meinem Tun eine Freude bereiten zu wollen. Interessanterweise hatte ich das Gefühl, je öfter ich diese Massage-Ausbildungs-Wochenenden hatte, desto weniger befriedigend empfand ich meinen Job. Außerdem kam es mir so vor, als ob meine Nacken-Verspannungen stärker wurden (ob sie tatsächlich stärker wurden oder ich nur mein Körpergefühl stärkte und sie deshalb stärker wahrnahm, lässt sich im Nachhinein nicht mehr sagen).

Außerdem kamen mir im Sommer zum ersten Mal Gedanken auf, dass mein stressiger Job ja wohl nicht alles sein könnte. Aber was sollte ich anderes tun, ich konnte ihn ja nicht einfach so aufgeben. Ich war richtiggehend hin- und hergerissen zwischen dem Kopfmenschen in mir (der sagte: „Wer sagt, dass der Job Spaß machen muss") und dem Bauchmenschen, der meinte: „Tu, was Dir gut tut". Aber aus irgendeinem Grund wurden diese Gedanken im Alltag leider immer wieder verschüttet.

Bei einem Tauchurlaub auf Mallorca im September traf mich zwar nicht wie erhofft ein berufliches Zukunftskonzept, aber immer hin bei der Rückkehr in der S-Bahn vom Flughafen zurück die Erkenntnis, dass mich hier in München irgendwas gewaltig einengte. Das musste sich ändern, und etwa eine Woche später konnte ich dieses „einengende Irgendetwas" sogar auch benennen: Eine neue Wohnung musste her. Denn die Aussicht auf die nächste Hauswand nach 15 Metern (im Hinterhof) bzw. nach 20 Metern (auf der anderen Straßenseite) schrie ja geradezu nach Horizonterweiterung. Gesagt, getan – und so feierte ich Weihnachten bereits in der neuen Wohnung.

Das Jahr 2006 begann somit mit der neuen Wohnung und mit neuen Zielen beziehungsweise Vorsätzen. Dazu gehörte auch mein Entschluss, im März zum ersten Mal in meinem Leben zu Fasten, was für mich hieß, mich nur von Wasser, Tees, verdünnten Obst- und Gemüsesäften sowie abends von dünner Gemüsebrühe zu ernähren – wenn das überhaupt der richtige Begriff dafür ist. Konsequent, wie ich nun mal war, tat ich das auch gleich erst einmal fünfzehn Tage (im Nachhinein hätte zum Anfangen auch eine Woche gereicht). Natürlich durchlebte ich in dieser Zeit alle möglichen Höhen und Tiefen und diverse Phasen des Loslassens, Verzeihens und Verdauens auf körperlicher wie emotionaler Ebene[4]. Nach diesen zwei Wochen erkannte ich mich zwar selbst kaum noch im Spiegel, dafür aber war ich voller Motivation und Schwung, neue Sachen anzufangen und auch neue Kontakte zu knüpfen. Eine gute Möglichkeit dazu, wie ich fand, bot mir ein neues Internetportal zur Partnersuche, bei dem ich mich sogleich einschrieb. Mit dem Resultat, dass ich schon nach kurzer Zeit den gutaussehenden, humorvollen, großzügigen und sportlichen Joachim kennenlernte.

Wir hatten auch eine wunderbare Zeit und verbrachten viel Zeit mit unseren gemeinsamen sportlichen Aktivitäten am Gardasee. In den Sommerferien wollten wir zusammen eine Alpenüberquerung machen, alles war schon im Detail ausgeplant. Bis auf die Tatsache, dass der Kerl doch tatsächlich einen Tag vor besagtem Urlaub mit mir Schluss machte. Mit der Begründung, ich sei ihm zu „öko". Komisch vor allem deshalb, weil mein Vegetarier-Dasein in den vier Monaten unserer Beziehung noch nie ein Thema gewesen war. Aber wie gut, dass er nicht weiß, wie ich heute drauf bin...

Da saß ich also vor den Scherben und den Details meiner Urlaubsplanung und versuchte, mich nicht kleinkriegen zu lassen. Weil ich mir

---

[4] Menschen, die noch nie gefastet haben, rate ich explizit davon ab, solche „Experimente" ohne therapeutische Hilfe auf eigene Faust durchzuführen (denn auch wenn ich dies nicht explizit erwähne, ließ auch ich mich von einem fachkundigen Heilpraktiker begleiten).

jedoch vor zwölf Jahren einmal geschworen hatte, mich nie wieder von einem Mann von etwas abbringen zu lassen, was mir wichtig ist, machte ich die Alpenüberquerung dann alleine. Wobei die Bezeichnung „Alpen-Zickzack" aufgrund der Streckenführung wohl etwas treffender gewesen wäre. Neben der Tatsache, dass mir dies gezeigt hatte, dass ich alles erreichen kann, was ich mir vornehme, auch wenn es steinig wird, brachte es mir auch den bewundernden Kommentar eines Arbeitskollegen ein: „Wow, Respekt, ich glaube, wenn meine Freundin mich einen Tag vor dem geplanten Urlaub verlassen hätte, hätte ich mich zwei Wochen lange nur betrunken..."

Allerdings war mein Körper nicht ganz so begeistert, weder von der strapaziösen Rad-Kampftour, noch von der Anstrengung in der Arbeit in den Wochen zuvor. Denn dieser zeigte mir daraufhin prompt die gelbe Karte – Sie kennen sicherlich auch das Phänomen, dass man nach einer besonders stressigen Zeit immer pünktlich zum Urlaubsbeginn krank wird. So überzeugte mich auch mein Körper mit einer Erkältung davon, den Rest meines „Sommerurlaubs" (sofern man bei bewölkten 15° C im August von Sommer sprechen kann) völlig erkältet auf dem Balkon zu verbringen.

Und so widmete ich mich der Lektüre des Jakobsweg-Buches von Hape Kerkeling[i]. Eine Aktivität (oder sollte ich besser Passivität sagen?), die im Herbst des Jahres gleich mehrere Dinge größerer Tragweite zur Folge hatte: Zum einen legte ich mir als Ablenkungsmanöver von meinem Liebeskummer-Frust nicht nur eine neue Frisur und ein neues Sofa zu (letzteres, damit ich es beim nächsten verregneten Sommer wenigstens gemütlich hätte), sondern kaufte mir außerdem im September noch einen entsprechenden Jakobsweg-Radreiseführer. Radreiseführer deshalb, weil ich zu Fuß gehen zwar nicht gerade hasste, aber es mir ungeduldiger Person massiv zu langsam ging und ich wandern deshalb als ziemliche Zeitverschwendung ansah. Radfahren war ja ohnehin schon seit Jahren eine große Leidenschaft von mir, und außerdem konnte ich so in der gleichen Zeit viel mehr Landschaft entdecken.

Jedenfalls machte es auf dem neuen Sofa natürlich besonders Spaß, den Radreiseführer zu lesen, außerdem machte die Lektüre Lust auf mehr – nämlich den Weg selber zu fahren. Mit dem Ergebnis, dass mein neues Urlaubsziel fürs folgende Jahr feststand und ich am 30.12.2006, sozusagen einen Tag vor dem Verfall-Datum meiner Lufthansa-Freimeilen einen entsprechenden Flug für Mai/Juni 2007 buchte. So weit im Voraus hatte ich glaube ich in meinem ganzen Leben noch keinen Urlaub gebucht…

Aber das war nicht die einzige Neuerung, die ich mir für 2007 vorgenommen hatte. Die viel wesentlichere war nämlich, dass ich eine berufsbegleitende Ausbildung zum Heilpraktiker anfing. Eigentlich begann ich diese primär aus Neugier, weil ich neugierig geworden war durch die spannenden Erzählungen meines neuen Freundes Rainer, den ich im Herbst über unser gemeinsames Hobby Tauchen kennengelernt hatte und der diese Ausbildung auch machte.

Rainer, der seinen weichen Kern gut hinter einem durchtrainierten Äußeren verpackt hatte, und ich waren recht schnell ein sehr eingespieltes Team. Zum Glück war er auch für mich da, als im folgenden Februar in der Arbeit alles über mich einbrach, weil ich das Gefühl hatte, jeder (inklusive meines Vorgesetzten) würde verbal auf mich einprügeln. Mit dem Ergebnis, dass ich mindestens eine Woche lang mehr oder weniger andauernd heulend im Büro herumsaß. Im Rückblick betrachtet war ich wohl zu dem Zeitpunkt das erste Mal schon wirklich kurz vor dem Burnout bzw. Nervenzusammenbruch. Zumindest wiesen meine starken Nackenverspannungen, die Schlafstörungen und vor allem die Tatsache, dass ich häufig schon wegen Kleinigkeiten aus der Fassung geriet, ziemlich stark darauf hin. Oder vielleicht war ich sogar auch schon mittendrin?[5]

Zum Glück hatte ich im Büro nette Kollegen, die mir ein wenig Zeit und ihr Ohr schenkten und bei denen ich mich ausweinen konnte. Einer von ihnen war es auch, der mich davon überzeugte, dass nicht

---

[5] Eine Übersicht über die Symptome findest Du in Teil 2 auf Seite 162/163

ich zu blöd für den Job war, sondern manchmal auch Chefs Defizite haben können (was bis zu dem Zeitpunkt nicht in mein Weltbild passte).

Parallel dazu lieh mir Rainer ein paar Motivations-CDs, die ich auf den Autofahrten von und zu ihm Zeit hatte zu hören. So fing ich an, mir mehrmals täglich „gut zuzureden" – Selbstgespräche, und positive gleich erst recht, hielt ich bis zu diesem Zeitpunkt eher was für Leute, die leicht einen an der Klatsche hatten. Dennoch half mir diese ganze Unterstützung auch bald über die ganze Situation hinweg.

Interessanterweise fiel diese Episode zeitlich zusammen mit den Fitnesskursen von Rainer, die ebenfalls „Burnout" hießen, weil sie ziemlich anstrengend waren, und an denen ich immer ein- bis zweimal in der Woche teilnahm. Allerdings eher seinetwegen als wegen dem Kursnamen. Häufig fuhr ich am nächsten Morgen mit dem Auto direkt von ihm aus in die Arbeit – meist mit Akupunktur-Nadeln auf der Stirn[6], weil mein Knie mir seit Anfang Januar Ärger machte. Wegen der Knieschmerzen (und weil Rainer eh kein Interesse daran hatte mitzukommen) fiel also die Skisaison komplett aus und weitestgehend auch die Mountainbike-Saison. Was aber eigentlich schon fast egal war, weil ich durch die Heilpraktiker-Ausbildung ohnehin nur sonntags Zeit gehabt hätte...

Was den Heilpraktiker-Unterricht betraf, war es zwar einerseits sehr schön, samstags morgens gemeinsam mit Rainer dort hin zu fahren, andererseits fehlte mir dadurch leider auch genau dieser Samstagmorgen, den ich dringend zum Ausschlafen gebraucht hätte. Außerdem fand ich es in gewisser Hinsicht belastend, niemandem in der Firma etwas von der Ausbildung zu erzählen, wenn mal jemand nach meinem Wochenende fragte. Denn ich war damals davon überzeugt, dass sowieso niemand aus dem Kreis meiner Arbeitskollegen

---

[6] Bei der Schädelakupunktur nach Yamamoto werden die Nadeln im Kopfbereich angebracht, was für mich ungeduldige Person den eindeutigen Vorteil hatte, nicht unnütz herumsitzen zu müssen, so lange sie drin waren.

Verständnis für diese Ausbildung haben würde, zumal ich ja selber noch gar nicht wusste, wofür ich das ganze tat.

Darüber hinaus fehlte mir aufgrund der samstagvormittäglichen Heilpraktiker-Ausbildung (und dem häufig anschließenden Stadtbummel) der Samstag auch zum Rad-Training. Deswegen bestand der „Trainingsplan", den ich mir zur Vorbereitung für die Jakobsweg-Radtour gemacht hatte, leider nur auf dem Papier. Als eingefleischter Controller hatte ich natürlich seit Jahren mein Trainingspensum in einer Excel-Tabelle festgehalten, so dass ich bald feststellen musste, dass die Fahrpraxis – zunächst wetterbedingt und dann aufgrund meiner immer wiederkehrenden Knieschmerzen – leider deutlich hinter dem Trainingspensum des Vorjahres zurück hinkte. Deshalb boten die Monate vor der Tour in sportlicher Hinsicht wenig Gelegenheit für Vorbereitungen.

Letzte Vorbereitungen

Immerhin hatte ich mir – in üblicher Controller-Manier – anhand meines Bikeline-Radtourenbuchs einen Etappen-Plan ausgearbeitet und hatte mir neben der Anschaffung einer per Klicksystem zu befestigenden Tasche für das Sattelrohr und eines Kartenhalte-Systems für den Lenker außerdem noch ein Hotelzimmer in Bilbao reserviert (wohin mein Flug ging). Für den Transport des Rades im Flugzeug hatte ich eine klein zusammenfaltbare Fahrradtasche gekauft, wobei klein natürlich relativ ist. Abgesehen davon war ich aufgrund der oben beschriebenen chaotischen Wochen und Monate vor der Tour ziemlich urlaubsreif.

Aber vielleicht war ich anstatt Urlaubs-(Vor-)Freude zu empfinden auch nur deswegen so gereizt (um nicht zu sagen überfordert), weil mich das Gefühl, im Urlaub alleine zu sein und mich auf neue Rahmenbedingungen einlassen zu müssen, mich an die Situation von vor knapp einem Jahr erinnerte (als die Geschichte mit besagtem Ex-Freund mich alleine in den Urlaub fahren ließ)...

Burnout – Vom Jakobsweg zurück ins Leben

Dass Rainer bereits seit Jahresanfang sehr mit Lernen für seine im Herbst geplante Heilpraktiker-Prüfung beschäftigt war, hatte leider für mich zur Konsequenz, dass ich mal wieder alleine zusehen durfte, wie ich die verbleibende freie Zeit meiner Wochenenden verbringen durfte, was mich irgendwie nervte. Immerhin sorgte er für ein wenig Stabilität und Konstanz in meinem Leben.

Leider hatten wir uns zu allem Überfluss am Tag vor meinem Abflug auch noch gestritten. Auslöser waren – wie eigentlich häufiger in letzter Zeit – primär Kleinigkeiten bzw. meine Gereiztheit, wenn Dinge nicht so funktionierten wie ich mir das vorgestellt hatte. Zum Beispiel, weil sich zu allem Überfluss die Pedale meines Mountainbikes aufgrund meines „Billigwerkzeugs" – wie er es nannte – nicht demontieren ließen und das Rad deshalb nicht in meine Fahrrad-Tasche hineinpasste. So musste ich letztendlich wohl oder übel mit meinem Rennrad fahren (welches sich besser flugtauglich verpacken ließ), was bedeutete, dass ich als „Schuhwerk" den Urlaub nur mit Rennradschuhen und Badeschlappen verbringen musste ...

Und so schien es mal wieder (wie eigentlich immer) ein chaotischer Urlaubsbeginn zu werden – zu einem Urlaub, in dem ich hoffte, viel Zeit zu haben. Zeit zum Nachdenken, zur Ruhe kommen, zum Abschalten, neue Eindrücke gewinnen und natürlich zum Erholen.

Die Etappen AUF dem Jakobsweg

Es geht los: Ankommen auf dem Pilgerweg

Fr. 25.05.2007: München – Bilbao

Immerhin hatte ich es vor dem Urlaub gerade noch geschafft, die Mitschrift von meiner Heilpraktiker Ausbildung fertig ins Reine zu schreiben, denn aus „Gewichtsgründen" wollte ich diese ebenso wenig mitnehmen wie die „hochwertige" Literatur, die ich noch irgendwo herumliegen hatte. Letztlich war es mir aber doch irgendwie gelungen, das Fahrrad und alles andere zu verpacken sowie die Wohnung einigermaßen aufzuräumen. Dankenswerterweise bot mir meine Freundin Veronika, die seit dem Tag in Mutterschutz war, an, mich und mein Bike zum Flughafen zu fahren.

Leider musste ich dann doch noch 40 Euro extra für die Aufgabe des Fahrrads (als Sperrgepäck) bezahlen. Das ärgerte mich als eingefleischten Sparfuchs aus zweierlei Gründen, denn zum einen war es für dieses Geld noch nicht mal versichert, und zum anderen wog das Fahrrad inklusive der Tasche nur ca. 16,5 Kilogramm – und ich hatte ansonsten nur dreieinhalb Kilogramm von meinen zwanzig Kilogramm Freigepäck ausgenutzt.

Am Flughafen tranken Veronika und ich zusammen noch einen Kaffee, bevor ich mich dann auf den Weg machte. Bei der Zwischenlandung in Stuttgart konnte ich zwischendurch wenigstens mal einen Blick auf meine Radtasche erhaschen, so dass ich guter Dinge war, dass von meinem ohnehin schon nicht so üppigen Gepäck auch alles mitkam. Auf dem Flug hatte ich von meinem Buch, das eigentlich die ganzen zwei Wochen meines Urlaubs lang halten sollte, schon etwa ein Drittel durchgelesen.

Nach der Landung in Bilbao war es ziemlich schwül (noch mehr als in München) und in dem Bus, der uns zum Terminal brachte, wurde ich von zwei anderen Passagieren angesprochen, ob ich auch Pilger wäre. Da sie recht planlos waren, waren sie froh, als ich ihnen von dem

Burnout – Vom Jakobsweg zurück ins Leben

Linienbus erzählte, der damals für niedliche 1,20 Euro alle 30 Minuten vom Flughafen in die Innenstadt zum zentralen Busbahnhof, wie es sie in Spanien in fast allen großen Städten gibt, fahren sollte.

Zum Glück musste ich am Gepäckband nicht lange auf mein Bike warten. Aber weil der erste Kurz-Check meiner Fahrrad-Tasche nicht so erfreulich verlief, musste ich sie komplett aufmachen und nachsehen, ob dessen Inhalt noch heil war. Aber zum Glück gab es außer den gelösten Rollen der Tasche, dem abgefallenen Umwerfer, der komplett verrutschten Halterung zum Einspannen des Rades und der Tatsache, dass alle möglichen Einzelteile ganz wild in der Tasche herumflogen, keine wirklich gravierenden Defekte, an denen der Urlaub und der Jakobsweg zu scheitern drohte.

Dennoch war ich nach dem ersten Schreck, dass ich so vieles wieder zusammen bauen musste, zwar einerseits erleichtert, dass am Ende doch alles ok war. Vor lauter Aufregung ließ ich jedoch fast meine Klicktasche neben dem Gepäckband stehen, in der ich neben meiner Erste-Hilfe-Ausrüstung für mich und das Bike auch noch mein weizenmehlfreies Brot und die Power-Riegel verstaut hatte.

An die Busfahrt ins Stadtzentrum habe ich nur wenig Erinnerung, der Transfer und die Ankunft am Busbahnhof verliefen problemlos. Nur der Weg zum Hotel erwies sich als etwas mühsam, weil die Rollen meiner Radtasche – die auf die Dauer doch ein wenig schwer wurde – auf dem strukturierten Pflaster nicht besonders gut liefen. Und so wurde es eine Mischung aus Schieben und Tragen und weil es so schwül war, war ich trotzdem völlig durchgeschwitzt, als ich im Hotel ankam.

Zum Glück gab es in dem Gebäude einen Aufzug (was ich bei dem Altbau nicht unbedingt erwartet hätte...) Nachdem die Pensionswirtin mir alles gezeigt hatte und ich mich ein wenig frisch gemacht habe, begann ich anschließend gleich damit, mein Zeug auszupacken.

Es war mittlerweile 17 Uhr und – anders als ich es von Spanien im Mai erwartet hätte – war es recht frisch geworden. Noch später am Abend regnete es sogar auch noch.

So lief ich ein wenig durch die Stadt, denn meine fast schon minutiös und kilometergenau ausgeplante „Etappenplanung" sah vor, dass ich in Bilbao am nächsten Tag noch ein wenig Tauchen gehen wollte, bevor ich mich auf den Jakobsweg begeben wollte. Allerdings verlief die Suche nach einer Tauchbasis nur bedingt erfolgreich: Die erste Tauchschule, die ich zu Hause herausgesucht hatte, war geschlossen und die zweite wollte aufgrund der schlechten Wettervorhersage für den nächsten Tag gar nicht losfahren. Auch gut, denn so konnte ich schon um 13 Uhr den Bus nach Pamplona nehmen und nicht erst den am Abend.

Also konzentrierte ich mich stattdessen aufs Sightseeing: In der Altstadt gab es zur Urlaubs- und Jakobsweg-Einstimmung in der Santiago-Kirche noch schöne Orgelmusik. Leider wurde ich auf meiner Wanderung durch die Stadt mit der Zeit doch etwas nass, und kalt (nur 17°) war es außerdem. Deshalb begab ich mich erst einmal wieder zurück in die Pension und fing an, an meinem Bike herumzubasteln. Blöderweise stellte ich fest, dass auch das Gestell in der Tasche ein wenig gelitten hatte und zu allem Überfluss auch noch eine Rolle fehlte – und das, obwohl ich nach etwa der halben Strecke vom Busbahnhof zur Pension extra noch einmal nachgesehen hatte und zu diesem Zeitpunkt noch alle dran waren. Ärgerlich, wenn ich morgen und für den Heimweg aus Santiago die Tasche nur noch schleppen sollte, anstatt sie zu rollen...

Ich erinnerte mich daran, dass Hape Kerkeling in seinem Buch beschrieben hatte, wie er sich auf seinem Camino auch immer irgendwelche Dinge vom Universum bestellt hatte. Deshalb beschloss ich, es auch einmal auszuprobieren. Ich wünschte mir, die verlorene Rolle wieder zu finden. Ich ließ es auf einen Versuch ankommen und lief also die ganze Strecke zum Busbahnhof wieder zurück, was ohne das Gepäck zum Glück deutlich schneller ging. Ungefähr 50 m von der Stelle entfernt, wo ich ursprünglich nachgeschaut hatte, ob noch alle Rollen dran sind, fand ich sie dann auch wieder. Erleichterung und ein großes Dankeschön ans Universum!

Burnout – Vom Jakobsweg zurück ins Leben

Auf dem Rückweg zur Pension entdeckte ich noch einen *Supermercado*, wo ich mir für den nächsten Tag Wasser und Erdbeeren und für den Rest des Urlaubs Duschgel kaufte, was ich in der ganzen Hektik vergessen hatte einzupacken. Darüber hatte ich mich anfangs ziemlich selbst geärgert, somit erwies es sich aber eher als untergeordnetes Problem – bei einer Urwald-Reise wäre dies sicherlich etwas anderes gewesen… Außerdem fiel mir auf, dass ich nach dem Stress der letzten Wochen doch irgendwie ziemlich fertig und erschöpft war. Und weil ich eh bei der Nässe und Kälte keine Lust hatte, alleine irgendwo herumzusitzen, ging ich direkt nach dem Abendessen ins Bett und versuchte zu schlafen (wer die spanische Bauweise und Lebensart kennt, weiß, dass es meistens keine wirkliche Ruhe bedeutet, die Fenster zu schließen). Zum Glück hatte ich zumindest daran gedacht, Oropax einzupacken…

Sa. 26.05.2007: Bilbao – Pamplona

Dank Oropax schlief ich am nächsten Morgen dann doch bis 10 Uhr, aber nachdem es leider wieder regnete und deshalb ohnehin alles nur trostlos war, verzichtete ich auf weitere große Aktionen. Ich kam mir eh schon blöd vor, mit meinen Badeschlappen (die ich als einziges Schuhwerk außer meinen Rennrad-Klick-Schuhen noch irgendwie in meinem Gepäck unterbringen konnte) auf dem nassen, rutschigen Pflaster zu laufen... Und so beließ ich es bei einer kurzen Stadtrundfahrt...

Blöderweise fand ich auch kein richtig nettes Café mehr, so dass ich vor der Busfahrt um 13 Uhr außer einem Café con leche und einem einfachen Sandwich mit Ei nichts mehr essen konnte und im Bus war das Essen leider verboten. Der Busfahrer schaute etwas verdutzt, als ich mit meiner (für spanische Verhältnisse ungewöhnlichen und) riesigen Fahrradtasche ankam und er sie im Gepäckraum verstaute.

Die zweistündige Busfahrt durch die Regenwolken-verhangene Landschaft empfand ich als ziemlich trostlos: Der ganze Himmel war grau in grau und ich hoffte, dass es nach den geradezu frostigen 14° in Bilbao (im Gegensatz zu den 27° die es zuvor in München war) in und ab Pamplona trotzdem irgendwie regenfrei würde. Vor allem weil in meinem – anscheinend etwas vorurteilsbehafteten – Bild von Spanien im Mai kein Regen vorkam und ich klamotten-technisch nicht entsprechend für Regen und Kälte ausgerüstet war. In Pamplona war es allerdings auch nicht richtig viel wärmer als in Bilbao, aber zumindest regnete es nicht. Wenn man in Hamburg aufgewachsen ist, wird man ja anspruchslos was das Wetter betrifft...

Leider hatte gegen 15 Uhr, als ich in Pamplona ankam, mal wieder alles zu, wo ich etwas zu essen hätte bekommen können – der spanischen Siesta sei Dank. Das ist zwar auch eine gewisse Form der Verlässlichkeit, allerdings passte diese nicht so in mein klassisch deutsches Denkmuster. Schlagartig fiel mir ein, dass zudem noch Samstag war, und deshalb auch die Post, von der aus ich meine Fahrrad-Tasche nach Santiago hatte schicken wollen, vermutlich vor Montag nicht mehr aufmachte.

Außerdem hatte ich – trotz controller-mäßig minutiöser Detail-Planung – Pfingsten nicht auf dem Plan gehabt, und so war ich mir gar nicht sicher, ob der Pfingstmontag auch in Spanien ein Feiertag ist. Wenn es blöd lief, machte die Post erst am Dienstag wieder auf! Was bedeutete, dass ich entweder drei Tage in Pamplona bleiben müsste, falls ich nicht irgendwen überreden könnte, das Teil für mich loszuschicken...

Ich fand eine kleine Pension in der Fußgängerzone in der Innenstadt, die versprach nicht ganz so laut wie die letzte zu sein. Das Zimmer war allerdings sogar noch winziger als das letzte und wenn das ausgepackte Rad drinstand, konnte ich mich gerade noch darin umdrehen...

Weil ich aber – nach dem mageren Frühstück und ohne Mittagessen – mittlerweile einen ziemlichen Hunger hatte, machte ich mich schnell auf den Weg durch die Stadt. Aber natürlich hatten mal wieder alle Restaurants immer noch geschlossen. Ungefähr eine Stunde lang lief ich hungrig durch die Gegend, und deckte ich mich in einem *alimentario* (Lebensmittelgeschäft) mit Wasser und ein wenig zu essen ein. Zuvor holte ich mir noch in der Pilgerherberge von Pamplona mein erstes credential[7] ab und hatte eine erste Begegnung mit einigen anderen deutschen Radpilgern, die aber schon eine ganze Weile unterwegs zu sein schienen.

Weil es immer noch recht frisch war, als ich mich zum Picknicken auf die *Plaza Mayor* (Haupt-Platz) setzen wollte, entschloss ich mich, mein Radl zu „satteln" (das heißt in diesem Fall: zusammenbasteln). Das dauerte allerdings länger als erwartet, aber so konnte ich gleich alles testen und fuhr zum „Einfahren" noch ein wenig (etwa sechs Kilometer) durch die Gegend, um meine Reifen wieder vernünftig aufzufüllen, nachdem ich ja für den Flug die Luft herauslassen musste.

---

[7] der tägliche Pilgerstempel, den man sich in den Unterkünften oder Kirchen in seinen Pilgerausweis geben lässt um nachzuweisen, dass man die Strecke höchst

Mir fiel auf, dass ich die letzten zwei Tage irgendwie nicht wirklich viel oder regelmäßig gegessen hatte, was nicht wirklich eine gute Basis für den bevorstehenden Rad-Pilgerweg war. Leider musste ich schon wieder eine Stunde durch die Stadt laufen, bis ich endlich ein Lokal fand, in dem ich einerseits drinnen etwas essen konnte (weil es draußen einfach zu kalt war) und es zudem einigermaßen ruhig war. Außerdem bemerkte ich, dass mir die viele Rumlauferei mit den blöden Badeschlappen ziemlich auf die Knie ging.

Vor dem Zubettgehen wünschte ich mir für den nächsten Morgen vom Universum noch gutes Wetter…

Abbildung 2: Die Stationen meines Jakobsweges

Burnout – Vom Jakobsweg zurück ins Leben

So. 27.05.2007: Pamplona – Estellas

Leider wachte ich schon eine Stunde vor meinem Wecker gegen 7.30 Uhr auf – denn die spanische Heizungstechnologie überzeugte nicht wirklich mit Highperformance. Aber zum Glück gab es stattdessen immerhin genügend Wolldecken, und so ging es meiner Erkältung, die sich dank dem Regen und der Nässe der letzten zwei Tage seit gestern abgezeichnet hatte, immerhin auch nicht schlechter. So richtig warm war es allerdings immer noch nicht.

Dem Pilgerweg aus der Innenstadt heraus zu folgen, war relativ leicht, denn an jeder Ecke waren gelbe Pfeile oder Muschel-Symbole[8] auf Straßen oder an Hausecken gemalt. Außerdem überholte ich am Stadtrand etliche unverkennbar mit Jakobsmuscheln geschmückte und mit großen Wanderrucksäcken und -stöcken ausgerüstete Fußpilger. Da lobte ich mir doch mein – mit Ausnahme der Fahrradtasche, die ich zusammengerollt und unter meinen rechten Arm geklemmt hatte – leichtes Gepäck.

Aber damit erwies sich das Radfahren als nicht so wirklich einfach, und ich musste noch x-mal irgendwelche Ausrüstungsteile nachjustieren, weil entweder das Vorderrad schliff oder das Lenkrad beim Bergabfahren wackelte. Abgesehen davon war es ziemlich nervig und auch nicht wirklich entspannt, mit dieser dummen Radtasche zu radeln, die ich einseitig über die Schulter trug und die ich auf dem Lenker ablegte. Denn auf die Dauer wurde es ziemlich schwer. Schon nach etwa sieben Kilometern machte ich in einem Ort namens Cizur Menor eine erste Pause fürs zweite Frühstück, die dumme Tasche nervte mich gerade. Dort traf ich auf eine Gruppe mountainbikender Italiener, die die Strecke bis Santiago in einer Woche schaffen wollen, d. h. 130 Kilometer am Tag. Allerdings schienen sie genauso planlos wie ich, daher bezweifelte ich stark, dass sie dies schafften. [Meine eigene Planung für die ca. 830 Kilometer waren 11 Tage, also im Schnitt 75 km/Tag].

---

[8] Die ‚Muschel von Compostella' (Jakobsmuschel) [...] steht in der Geheimsymbolik für das Prinzip des Mercurius, der noch immer der ‚Reisende' oder ‚Pilger' genannt wird. [...]

Denn bereits die Suche nach der nun folgenden Nationalstraße N111 erwies sich dank diverser Baustellen wieder als sehr Umwegbehaftet. Als ich sie endlich fand, stellte ich erfreut fest, dass diese aufgrund der mittlerweile fertig gestellten A12 deutlich verkehrsberuhigter war als die Angaben in meinem Bikeline-Buch vermuten ließen. Deshalb blieb ich – trotz etlicher kleinerer Abzweige für Fußpilger und ggf. für Mountainbiker – auf der Nationalstraße. Auf eine Reifenpanne hatte ich nun beim besten Willen keine Lust, erst recht nicht bereits am ersten Tag.

Mittlerweile war es recht sonnig und warm geworden, wie ich das am Vorabend so bestellt hatte. Und so war die Auffahrt zum höchsten Punkt des Tages, dem Puerto del Perdón, recht schweißtreibend. Unterwegs überholte ich auf der Straße noch zwei ältere Damen, die mich mit ihren sattelbetaschten Trekkingrädern und der dort verstauten Camping-Ausrüstung stark an die Kategorie „Hausfrauen auf Urlaub" erinnerten…

Später fuhr ich dann abseits der Nationalstraße weiter nach Urtega, wo ich mir einen weiteren *Café con leche* gönnte und noch mal Wasser nachfüllte. Zum Glück ging die anschließende Strecke nach Puente la Reina fast noch nur bergab, aber bevor ich dort eintraf, entschloss ich mich noch zu einem etwa vier Kilometer weiten Umweg zu der kleinen Kirche Santa Maria de Eunate mit ihrem recht eigenwilligen, romanischen Baustil.

Aufgrund ihrer ungewöhnlichen architektonischen Gegebenheiten wie dem achteckigen Grundriss, die äußere fünfeckige und innere halbrunde Apsis mit den Säulen sowie das Kirchenportal mit den Alabasterfenstern, ranken sich um diese Kirche zahlreiche Sagen, Mythen und Legenden. Und die die Kirche umgebenden kunstvollen Arkaden und die wunderschöne Lage auf einem freien Feld mitten in der Landschaft trugen erst recht zu einer geradezu mystischen Stimmung bei.

Ein paar Jahre zuvor war mir einmal aufgrund meiner eigenen Unaufmerksamkeit in einem Spanienurlaub meine Handtasche inklusive dem darin befindlichen Geldbeutel gestohlen worden. Deshalb war ich etwas unsicher, inwieweit ich mich vertrauensvoll dieser schönen

Atmosphäre hingeben durfte und mein Fahrrad oder meine Fahrradtasche – die ich ja immer noch dabei hatte – unbeaufsichtigt stehenlassen konnte, während ich die Kirche besichtigte. Zwar hatte ich das Fahrrad an einen Zaun angeschlossen, aber das Fahrrad-Schloss Marke „Leichtbau" ließ sich problemlos mit einer besseren Küchenschere locker durchtrennen und diente letztendlich eher der Abschreckung...

In der nahegelegenen Stadt Puente la Reina treffen der „Französische Jakobsweg" (dem ich bisher gefolgt war) mit der aragonesischen Strecke über den Somport-Pass zusammen und vereinen sich zur Hauptstrecke nach Santiago. Deshalb war ab dort auch mit einem größeren Pilger-Verkehrsaufkommen zu rechnen. Die Stadt selbst fand ich sehr schnuckelig. Sie verdankt ihren Namen der bekannten romanischen Bogen-Brücke über den Río Arga, die im 11. Jahrhundert von einer navarresischen Königin gestiftet wurde. Da ich schon kurz vor 13 Uhr dort eintraf, entschloss ich mich – nachdem ich mir in der Pilgerherberge ein *credential* abgeholt hatte – doch noch zwanzig Kilometer weiter bis Estella zu fahren.

Der Original-Pilgerweg führt über Kopfsteinpflaster durch die Altstadt, was mit Rennradbereifung etwas ungemütlich ist, weshalb ich auf der Nationalstraße blieb. Hier konnte ich einen tollen Blick auf die besagte römische Brücke erhaschen, die angeblich die Schönste auf dem gesamten *Camino* sein soll, über die ich sonst bei Benutzung des Originalweges herüber gefahren wäre, ohne sie dabei jedoch sehen zu können...

Auch wenn ich mittlerweile für meine „dumme" Radtasche eine Trage-/Transport-Technik gefunden hatte, die mich einigermaßen stabil fahren ließ, verwarf ich nach einiger Zeit das ursprünglich geplante Etappenziel für den ersten Tag doch lieber, denn Los Arcos wäre noch mal zwanzig Kilometer weiter gewesen als Estellas, das ich nun als neues Tagesziel anpeilte. Diese Entscheidung erwies sich als sehr vorausschauend, denn zum einen zog sich die Strecke dorthin noch ziemlich in die Länge und wurde dazu noch unerwartet hügelig. Zum anderen fing der Himmel innerhalb von nur etwa einer Viertelstunde an sich zuzuziehen.

So war ich dann relativ froh, als ich nach den geplanten eineinhalb Stunden gerade noch rechtzeitig vor dem Regen in Estellas eintraf.

Die Stadt selbst war wirklich hübsch, mit vielen Kirchen und gut renovierten Häusern, und sah mit den ganzen umliegenden Bergen mit ihren Gipfelkreuzen sehr schön aus. Leider gestaltete sich die Suche nach einer Pension nicht so einfach, und die Pilgerherberge reizte mich nicht wirklich.

Zu allem Überfluss fiel ich auf dem Marktplatz mit dem Fahrrad quasi aus dem Stand um, weil ich vor lauter Schusseligkeit (eventuell auch Kälte oder Anspannung, das lässt sich so genau nicht mehr sagen) nicht rechtzeitig aus den Klickpedalen gekommen war. Peinlich genug, aber zum Glück war nichts Schlimmes passiert, und ein freundliches Paar half mir wieder auf die Beine bzw. Räder. Schließlich fand ich in einem Hotel ein tolles Luxus-Eckzimmer mit Badewanne direkt an der *Plaza de Santiago*, das zu zwei Seiten Fenster mit Blick auf den Platz hatte. Bei dem Namen kam mir sofort der Spruch in den Kopf: Der Weg ist das Ziel!

Während ich duschte und Klamotten wusch, hatte das Wetter umgeschlagen: es hatte sich eingeregnet und war ziemlich kalt geworden. 12 Grad – Willkommen in Spanien! Meine einzige lange Hose hing gerade zum Trocknen im Hotelzimmer – einen Föhn um diese trocken zu bekommen gab es natürlich nicht. Wieder einmal lief ich längere Zeit hungrig und in kurzer Hose frierend auf der Suche nach Essbarem erfolglos durch die Stadt, aber vor 20 Uhr schien es außer *bocadillos* (belegte Sandwiches) nichts zu geben.

Immerhin kam ich dann doch noch zu einem einfachen *Menu del peregrino* (Pilgermenü), bestehend aus Salat, Spiegelei und Pommes. Weil mir die Kälte immer noch in den Knochen hing, ging ich anschließend lieber wieder früh ins Bett.

Fazit des Tages: 63,0 km, 3:45 h reine Fahrtzeit, ca. 500 Hm

Burnout – Vom Jakobsweg zurück ins Leben

Mo. 28.05.2007: Estellas – Nájera

Am folgenden Morgen wurde ich ganz unromantisch vom Lärm der spanischen Müllabfuhr geweckt, deshalb stand ich schon um kurz nach sieben auf. In einer kleinen Bar am Fluss aß ich zum Frühstück ein Käsebrot und einen *Café con leche*. Um die Zeit bis zur Öffnung des Postamtes zu überbrücken, ertappte ich mich bei dem Gedanken, dass ich – wo ich nun schon mal auf dem Pilgerweg war – doch zumindest ansatzweise daran interessiert sein müsste, wenigstens ein Drittel der in meinem Reiseführer im Detail beschriebenen Kirchen zu besichtigen. Als ich gleich vor Ort damit anfangen wollte, noch eine Kirche zu besichtigen, waren jedoch zu meinem Erstaunen noch alle Kirchen geschlossen – und das im katholischen Spanien! Irgendwie passte das nicht in mein Weltbild, dass hier – im Zeichen der katholischen Religion – Gott nur zu bestimmten „Sprechzeiten" zur Verfügung stehen sollte.

Um Punkt 8.30 Uhr machte also endlich die Post auf (anscheinend war Pfingstmontag in Spanien doch kein Feiertag) und ganz erleichtert konnte ich meine Bike-Tasche endlich aufgeben. Dazu musste ich sie nur noch in Packpapier einwickeln, damit die Dame am Schalter sie annehmen wollte. Es war allerdings gar nicht so einfach herauszufinden, was „postlagernd" auf Spanisch heißt – das Wort, was mir mein Online-Wörterbuch vorgegeben hatte, war am Schalter anscheinend nicht bekannt. Am Ende verstand die Dame aber doch irgendwie, was ich meinte, und so war ich das Ding endlich los. Zum Glück – noch einen Tag mit der blöden Tasche (die auch immerhin 5 kg wog) hätte ich glaube ich nicht ertragen...

Zurück am *Hostal*, traf ich drei andere Rad-Pilger – zwei ältere deutsche Herren und eine jüngere Irin – denen ich mich anschloss. Nach etwa drei Kilometern in Irache gab es jedoch sofort wieder eine „Sehenswürdigkeit" und dadurch den ersten Stopp. Eine am Wegrand liegende Kellerei hatte zur Freude und Verköstigung der passierenden Pilger draußen einen „Weinbrunnen"[ii] angebracht. Dabei handelte es sich um eine kleine Zapfanlage für Wasser und Wein, an der sich müde

Pilger laben konnten. Leider (oder vielleicht auch zum Glück) war der Wein schon aus bzw. vom Vortag noch nicht wieder aufgefüllt.

Die Strecke bis zum Ort Los Arcos zog sich ziemlich dahin, außerdem fing es wieder zu nieseln an und es war sehr windig. Ich war froh, dass ich die Radtasche nicht mehr zu schleppen hatte, denn mit dem starken Wind bergauf und bergab zu fahren, hatte es auch so schon in sich. Wenigstens war dank der parallel verlaufenden Autobahn auf der Nationalstraße N111 (die wir befuhren) nicht viel Verkehr. Gegen 11 Uhr wollten wir in Torres del Rio einen Kaffee trinken, aber die bares hatten noch nicht auf, und so kauften wir uns nur ein bisschen Schokolade und Obst in der schnuckeligen kleinen *tienda*. Die Läden hier hatten wirklich seltsame Öffnungszeiten – ich tat mir echt schwer, damit klarzukommen...

Immerhin regnete es nun nicht mehr, und die Landschaft war ganz schön, auch wenn sich die Strecke noch ziemlich bergauf und bergab zog und es immer noch sehr windig war. Leider fing mein Tretlager (oder ich glaube zumindest dass es das war) an, komische Geräusche von sich zu geben. Hmm, ob das Fahrrad wohl auf dem Flug ramponiert worden war? Vermutlich waren die Geräusche am Vortag auch schon dagewesen und ich hatte sie wegen der nervigen Tasche nur nicht wahrgenommen...

Auf dem folgenden Streckenabschnitt bis kurz vor der Stadt Logroño konnte ich es dann ganz gemütlich rollen lassen, denn es gab einen schönen und geteerten Weg durch die Weinberge, den sich die Radpilger mit den Fußpilgern teilten. Guido und Winfried – so hießen die beiden Herren – wollten in Logroño bleiben. Leider war mal wieder Siesta, weshalb die Kathedrale geschlossen hatte. Deshalb aßen wir nur in der Stadt noch zusammen eine Kleinigkeit und gegen 15 Uhr fuhr ich dann alleine weiter. Ich spürte einen starken inneren Drang „vorwärts kommen zu müssen", denn ich wollte das mittlerweile recht schöne Wetter ausnutzen, um zu verhindern, dass ich nicht später auf den letzten Etappen noch einen riesen Stress hätte, um meinen Rückflug noch zu erwischen, falls etwas Unvorhergesehenes dazwischen käme.

Im Nachhinein betrachtet war dieser Gedanke natürlich ziemlicher Quatsch, aber wie mir mittlerweile klar geworden ist entsprach er voll und ganz der Devise „Erst die Arbeit, dann das Vergnügen/das Ausruhen", mit der ich groß geworden war. Aber damals war es mir noch nicht bewusst, wie tief in mir verwurzelt dieses permanente „schnell etwas machen" und das „um zu"-Denken in mir saß. Und noch weniger war mir klar, wie sehr ich mich mit dieser starken Nutzenorientierung daran hinderte, mir selbst jedweden Genuss zuzugestehen.

Bis zur nächsten Stadt Navarrete fuhr ich zunächst eine schöne, gut markierte Strecke durch einen verkehrsberuhigten Freizeitpark. Später allerdings ging der Weg dann über eine recht stark befahrene Nationalstraße, wo zu allem Überfluss noch eine ewig lange Baustelle war. So kam ich gegen 17 Uhr in dem Ort Nájera an, der – entsprechend dem arabischen Ursprung des Namens[9] – der ein wenig zwischen ein paar Felsen eingequetscht lag.

Mit der abendsonnigen Promenade am Ufer des Flusses Najerilla und dem schnuckeligen Stadtzentrum mit dem Storchennest auf dem Turm des ehemaligen um 1050 gegründeten Benediktinerklosters fühlte ich mich eingeladen zu bleiben. Das erstbeste Hostal (neben der – für mein Empfinden ziemlich vollen – Pilgerherberge) hatte leider nur noch einen 8er-Schlafsaal frei, aber ich war die erste dort. In der vagen Hoffnung, dies könnte so bleiben, entschied ich mich, dort zu bleiben. Leider wurde meine Hoffnung nicht erfüllt...

Abendessen gab es in der ganzen Stadt – wie anscheinend überall – nicht vor 20 Uhr, aber das war dafür diesmal sehr lecker: Kartoffelsuppe à la Riojana mit Pulpo[10] in seiner Tinte und dazu einen schönen Rotwein aus der Umgebung. Denn immerhin liegt Nájera in der für seinen Wein bekannten Region Rioja...

Fazit des Tages: 81,7 km, 5:08 h reine Fahrtzeit, ca. 500 Hm

---

[9] kommt aus dem Arabischen und bedeutet *Ort zwischen den Felsen*.
[10] Tintenfisch

Di. 29.05.2007: Nájera – Burgos

In der Nacht schlief ich ziemlich schlecht. Ob das am vielen Essen lag, am Rioja oder an einem schnarchenden Zimmer-Genossen, wusste ich nicht ganz genau. Jedenfalls war ich morgens so gerädert, dass ich mir meinen Plan, an dem Tag komplett bis ins 120 Kilometer entfernte Burgos zu fahren, abschminkte.

Langsam gewöhnte ich mich an die morgendlichen Pilger-Rituale: Aufstehen, Anziehen, Packen, Aufbrechen, Frühstücken – letzteres natürlich nur, sofern Ort und Uhrzeit dies ermöglichten. Alltägliche Entscheidungen wie: „Was nehme ich mit?" (Alles) oder „Was ziehe ich an?" stellen sich bei zwei Trikots und jeweils drei Hosen, T-Shirts, Sockenpaaren und Unterwäsche nicht wirklich. Die relevantere Fragestellung war eher die nach der nächsten Verpflegungsmöglichkeit – und die ergab sich meistens (mangels Alternativen) von selbst…

Immerhin gelang es mir trotz der frühen Stunde mein Fahrrad aus der Garage zu holen. Aber als ich morgens um acht auf der Plaza das Frühstück (à la *supermercado*) einnahm, war es noch merklich kalt. So fuhr ich gegenüber der Strecke aus meinem Reiseführer bis Azofra eine gemütliche Abkürzung durch Wein- und Tomatenfelder, was sich aber später relativierte, denn dafür führte die Strecke anschließend durch etliche kleine Ortschaften ziemlich bergauf. Mein Tretlager (bzw. das meines Fahrrades) fühlte sich an, als ob jemand Kaugummi hineingeschmiert hätte, und weil es mittlerweile ziemlich warm geworden war, war die Fahrerei dann doch recht anstrengend.

Die nächste Stadt, Santo Domingo de la Calzada, war für ihr Hühnerwunder[iii] bekannt. Aber die Kirche, in der zu dessen Erinnerung ein Hühnerstall mit lebenden Hühnern untergebracht ist, war leider mal wieder geschlossen, so dass ich bald weiterfuhr. Abseits der Nationalstraße fuhr ich auf schnurgeraden Wegen recht gemütlich weiter, vorbei an weiteren Weizen-, Gerste- und Tomatenfeldern. In einem kleinen Dorf, als ich mich auf der Suche nach einem WC in eine Bar verirrte, wurde ich von der einheimischen Bevölkerung ziemlich irritiert angeschaut. Alleinreisende Frauen mit Rennrad waren wohl etwas unüblich.

In Belorado holte ich mir in der Kirche ein credential und setzte mich zu meiner Mittagspause mit frisch gepresstem Orangensaft und Tortilla in die Sonne. Ich machte mir immer noch Sorgen um mein Tretlager, das nach wie vor Geräusche von sich gab. Deshalb beschloss ich, in Burgos – der nächstgrößeren Stadt – mein Bike zum Service zu bringen, denn in Belorado gab es leider nichts Derartiges. Und so setzte ich meinen Weg fort. Da mir die Alternativroute über die Nationalstraße kürzer erschien als die eigentliche Pilgerstrecke übers Land, nahm ich diese.

Diese Strecke hatte die Bedienung in der Bar in Belorado kommentiert mit: *„Mucho trafico y muchas montañas"* (viel Verkehr und viele Berge) – beides stimmte leider. Leider waren primär Schwertransporter unterwegs, deshalb war die teilweise sehr steile, sechs Kilometer lange Strecke bis zum Puerto[11] del Pedraje auch super anstrengend.

Nach diesem bislang der höchsten Punkt der Tour ging es zwar locker bergab, aber aufgrund des Gegenwindes wurde mir ziemlich kalt, so dass ich zum „Aufwärmen" erst einmal an einer kleinen *Ermita*[12] anhielt und ein Picknick genoss... Zum Glück gab es für die weiteren dreißig Kilometer entlang der N120 bis Burgos immerhin Radwege, so dass ich nicht direkt auf der Nationalstraße fahren musste.

Nach der letzten Nacht im Mehrbettzimmer und vor allem nach dieser – der bisher längsten – Etappe sehnte ich mich nach der Ruhe in einem Schnarcher-freien Einzelzimmer. Da ich wieder einmal pünktlich um 16.30 Uhr zur „Alles-hat-zu"-Zeit in Burgos ankam, brauchte ich allerdings eine geschlagene Stunde (und zehn Entfernungs-Kilometer) bis ich endlich eine freie Pension, oder ein 2**-Hostal fand. Dort ließ ich mir ein Fahrrad-Service-Geschäft empfehlen, zu dem ich mein Fahrrad brachte, und machte – per pedes – eine Stadtbesichtigung mit Kathedralen-Besuch. Die gotische Kathedrale ist ein Unesco-

---

[11] Span., bedeutet neben Hafen in diesem Zusammenhang Passhöhe, die sich in diesem Fallauf 1.150 Meter erhebt
[12] Wallfahrtskapelle

Weltkulturerbe und im Gegensatz zu den vielen anderen „nichtssagenden" Kirchen, die ich schon am Weg besichtigt hatte, lohnte sich der Besuch auch wirklich. Ich fand sie von innen wie von außen sehr beeindruckend – und was mein Controller-Herz besonders erfreute: Als Pilger mit *credential* bekam man sogar reduzierten Eintritt...

Kürzlich fragte mich jemand, ob ich zu diesem Zeitpunkt schon so etwas wie ein Zwischenfazit von den vergangenen paar Tagen gemacht hätte, die ich bereits auf dem Jakobsweg unterwegs gewesen war – was ich nach einigem Überdenken verneinen musste. Denn eigentlich war ich bis zu dem Zeitpunkt so sehr mit „Äußerlichkeiten" beschäftigt gewesen (wie dem Wetter, dem Fahrrad oder dem Wunsch „Strecke zu machen"), dass für Gefühle oder Gedanken kaum Zeit übrig blieb.

Darüber hinaus war ich aber auch damit beschäftigt, täglich per SMS meine Eltern über meine Etappen zu unterrichten, weil diese mir gerne auf Google Earth folgen wollten. Im Nachhinein eigentlich unvorstellbar, dass ich mit Mitte 30 immer noch das Bedürfnis hatte, eine „gute Tochter" sein zu wollen...

Fazit des Tages: 111,5 km, 6:47 h reine Fahrtzeit, ca. 800 Hm

So kenne ich mich: Atemlos auf dem Camino

Mi. 30.05.2007: Burgos – Castrojeriz

Abgesehen davon, dass die typisch spanischen Innenhöfe sehr hellhörig sind, war die Nacht recht ok. Leider war meine am Vorabend gewaschene Kleidung noch nicht trocken, was aber nicht weiter schlimm war, denn ich konnte mein Fahrrad sowieso erst gegen Mittag vom Service abholen. Deshalb begab ich mich morgens um 8.45 Uhr ein wenig auf die Spuren des spanischen Nationalhelden El Cid, der in Burgos begraben ist. Leider war es zu der Zeit wie immer (gefühlt) ziemlich kalt und alle Cafés hatten geschlossen…

Um nicht zu frieren, stieg ich in meinen Badeschlappen zu Fuß auf den *mirador* (Aussichtspunkt) oben am *Castillo*[13]. Aber weil es sehr bewölkt war, lohnte sich die Aussicht nicht wirklich. Auf dem Weg nach unten probierte ich eine Abkürzung aus. Aber die war nicht nur inoffiziell, sondern auch noch ziemlich steil (um nicht zu sagen: Falllinie). Deshalb rutschte ich dank meiner für solche Touren nicht sonderlich geeigneten „Apostelbereifung"[14] den Abhang mehr oder weniger auf dem Hintern herunter.

Gegen 10 Uhr war ich wieder unten angekommen und überlegte mir, wie ich die zwei Stunden herumbringen konnte, bis ich a) das Fahrrad abholen konnte und b) mein Hotelzimmer räumen musste. Shoppen gehen wäre eigentlich eine tolle Sache gewesen, aber leider fehlten mir auf dem Fahrrad dafür die Transport-Kapazitäten…

Lustigerweise traf ich an der Kathedrale meine beiden Bekannten Guido und Winfried wieder, von denen ich mich in Logroño getrennt hatte. Von ihrer irischen Begleiterin hatten sie sich auch dort verabschiedet, aber sie machten sich ziemlich Sorgen um sie, weil diese

---

[13] die Ruine der Burg, der vermutlich die Stadt ihren Namen verdankt, liegt am Rande der Altstadt auf einem Hügel

[14] diese aus meiner Sicht sehr passende Bezeichnung für meine Badeschlappen, die ja neben meinen Radschuhen mein einziges Schuhwerk sind, verdankte ich Guido.

wohl etwas planlos war, kein Wort Spanisch verstand und außerdem nicht den Eindruck machte, fit genug zu sein um die verbleibende Strecke bis Santiago in fünf Tagen zu schaffen (wie sie vorgehabt hatte).

Guido wollte für den Tag in Burgos aufhören, aber Winfried mochte nach dem gemeinsamen Mittagessen noch weiterfahren, und so entschlossen wir uns, zusammen weiterzufahren. Endlich nicht mehr alleine fahren! Denn die nun folgende Strecke war zwar nun relativ eben, aber bei dem unverändert starken Gegenwind war es ganz angenehm, sich abwechselnd in den Windschatten des anderen hängen zu können.

Die Landschaft war recht eintönig, kilometerlang grüne Getreidefelder zur Rechten und zur Linken soweit das Auge reichte, nur gelegentlich durchsetzt von roten Mohnblumen. Es fühlte sich so an, wie ein bisschen Farbe oder Leben in die Landschaft gesprenkelt. Hübsch eigentlich, so viele Mohnblumen auf einmal hatte ich in Deutschland noch nie so wahrgenommen... Außerdem vermittelte mir die Weite ein Gefühl von Durchatmen können und Freiheit.

Hinter der Ortschaft Villanueva stellte ich erfreut fest, dass mein Wunsch an das Universum, die dunklen regenträchtigen Wolken doch bitte durch Sonne und blauen Himmel zu ersetzen, erhört wurde. Als ich Winfried davon erzählte, fand er, das mit dem Wünschen sei alles Quatsch. Weil wir aber beide allmählich Hunger bekamen, wünschte er sich eigentlich mehr zum Spaß eine Bank zum Picknicken.

Der nächste Ort, Yudego, dem wir uns näherten, sah von weitem mit seinem großen Windrad eher wie ein kleines Wildwest-Nest mit drei bis fünf Häusern aus. Aber als wir durch ihn hindurch und einen kleinen Hügel hinab fuhren, entpuppte sich der Ort als größer als gedacht, und am Dorfplatz mit Brunnen gab es sogar gleich mehrere Bänke, die uns zu einer Bananenpause einluden. Winfried war ziemlich verdutzt und überlegte sich, ob er seine Meinung zum Wünschen revidieren sollte...

Die nächsten zwanzig Kilometer führten wieder ziemlich geradeaus durch sehr viele kleine Felder über die Meseta (Hochebene), aber der (Gegen-)Wind war auch in den Tälern noch recht stark. Das konnte doch nun wirklich nicht sein, dass wir (gefühlt) seit unserer Ankunft immer nur Gegenwind hatten, irgendwann musste doch der mal drehen! Kurz vor unserem Etappenziel des Tages, Castrojeriz, passierten wir bei mittlerweile bestem Sonnenschein eine neben der Straße stehende Klosterruine. Erst ein paar Tage später, als wir schon längst ein paar Städte weiter waren, überfiel mich der Gedanke, dass ich hier eigentlich ganz gerne eine kurze Pause gemacht hätte, zur Einkehr und vielleicht auch zum Fotografieren. Aber da war es dann zu spät, denn als es an der Zeit gewesen wäre, hatte ich den Mund nicht aufbekommen – weil ich nicht unbequem sein und vor allem keine Umstände verursachen wollte. Mittlerweile habe ich erkannt, dass dies für mich ein ziemlich typisches Verhaltensmuster war: Schon seit ich denken kann hatte ich – immer wenn es wirklich darauf ankam – Schwierigkeiten gehabt, meine Bedürfnisse, Wünsche und Anliegen wahrzunehmen und zu formulieren. Geschweige denn, dass ich ihnen folgte.

Um 17 Uhr erreichten wir Castrojeriz – zu früh für geöffnete Kirchen und zu spät für Plätze in den Pilgerherbergen. Und so stiegen wir für luxuriöse 31 Euro pro Person im teuersten Hotel des Ortes ab, dafür aber mit toller Aussicht über die Meseta und einem schönen Zimmer. Unsere Drahtesel durften im „Salon" auf einem edlen Teppich neben roten Sofas nächtigen. So gut hatten die es lange nicht mehr...

Als wir zu einer Ortsbesichtigung aufbrechen wollten, stellten wir fest, dass mittwochs abends in dem Hotel immer Massagen angeboten wurden. Und weil die Beinchen durch die ungewohnte Belastung und den Gegenwind doch etwas schlapp geworden waren, beschlossen wir, uns jeder eine 30-minütige Massage zu gönnen. Aus Zeitgründen musste die Besichtigung der auf einem nahen Hügel liegenden Burgruine deshalb auch leider ausfallen – was allerdings auch nicht so schlimm war, denn meine Schuhe (Badeschlappen) waren eh nicht sonderlich geeignet zum Bergwandern...

Die „Stadtbesichtigung" hielt sich in Grenzen, denn außer zwei Pilgerherbergen, zwei Hotels und drei Bars gab es eigentlich nur noch das unscheinbare Rathaus an der *Plaza mayor* mit ihren zwei Läden. Besonders erheiternd war übrigens der Tante-Emma-*Supermercado*, wo wir etwa 10 Minuten anstehen mussten bis wir unsere Dreieinhalb Sachen einkaufen können (nein, nicht an der Kasse, sondern bis wir überhaupt am Tresen bestellen durften!) Außerdem hatten wir uns noch darüber amüsiert, dass in meinem Reiseführer stand, dass der Ort bekannt sei für seine Pilgertorte, die aber von den drei Leuten, die wir danach fragten, keiner kannte.

Das Abendessen im Hotel konnte nicht wirklich als Schnäppchen bezeichnet werden, und fettig war es außerdem. Aber nach einer Flasche *vino* (zu zweit) war das dann auch egal. Bis nach Santiago waren es noch ziemlich genau 500 Kilometer...

Fazit des Tages: 51,1 km, 2:51 h reine Fahrtzeit, ca. 200 Hm

Do. 31.05.2007: Castrojeriz – Ledigos

Schlafen konnte ich nicht besonders, denn Winfried schnarchte etwas. Außerdem war mir das Essen doch zu fettig gewesen und hatte mir gehörig auf den Magen geschlagen. Um 7.30 Uhr klingelte der Wecker, und pünktlich um 8 Uhr gab es Frühstück: *café con leche*, frischgepresster Orangensaft und dazu Toast mit Marmelade. Ich zelebrierte meine letzte Scheibe von meinem aus Deutschland mitgebrachtem Schwarzbrot und fragte mich, was ich nun die nächsten zehn Tage essen sollte.

Um 9 Uhr fuhren wir schließlich los, natürlich wieder immer mit Wind von vorne. Aber zu zweit konnten wir uns ganz gut an der Spitze abwechseln und so legten wir die um die zwanzig Kilometer nach Fromista in 1 ½ Stunden zurück. Generell fiel mir auf, dass wir zu zweit relativ flott vorankamen, viel schneller als ich zuvor alleine. Dadurch, dass immer einer vorne und einer hinterherfuhr, unterhielten wir uns naturgemäß relativ wenig. Und wenn, dann meistens über unsere weitere Tagesetappe, oder Winfried erzählte von seinen früheren Caminos, die er bereits zu Fuß oder mit Hund absolviert hatte. Allerdings schien sich der *café con leche* zum Aufwärmen mittlerweile zum Ritual zu entwickeln. Nach der Besichtigung der gut renovierten romanischen Kirche, trafen wir auf eine Horde Münchner Motorradfahrer, die den Camino auf ihre Art zurücklegten.

Nachdem wir Carrión de los Condes und den kleinen Ort Ledigos passiert hatten, fuhren wir eine wunderschöne Strecke, die gesäumt war von Mohnblumen, Hafer und anderen Wildblumen. Dieses Bild erinnerte mich ein wenig an die Werbung mit dem Motto: Wir machen den Weg frei – und frei fühlte ich mich auch gerade. Ich konnte mich nicht erinnern, die Natur zuvor so in ihrer Schönheit wahrgenommen zu haben. Wir amüsierten uns, dass so viele Jakobsmuscheln den schnurgeraden Weg markierten[15], denn so richtig viele Stellen, an denen man sich hätte verlaufen können, gab es eigentlich nicht.

Etwa zehn Kilometer vor dem 200-Seelen-Ort Ledigos fing es zu allem Überfluss auch noch an zu regnen – zum ersten Mal für mich auf dem Camino musste ich mein Regenzeug heraussuchen. Es lohnte sich aber eigentlich fast gar nicht, denn nach fünfzehn Minuten hörte es wieder auf. Zum Nasswerden hatte es aber trotzdem gereicht, aber bestimmt hätte es eben gerade nicht aufgehört, wenn wir die Regensachen nicht angezogen hätten… So trafen wir nach einer weiteren Episode Sonne – Regen – Gegenwind gegen 14.30 Uhr in Ledigos ein. Hier war echt der Hund begraben, denn außer einer Pilgerherberge mit angeschlossener Bar und Laden gab es nur noch eine Kirche, ein Rathaus mit Briefkasten und ein paar Häuser. Die nächst größere „Stadt" Sahagún war leider noch 15 Kilometer weit entfernt und meine Knie schmerzten mir irgendwie schon seit dem Morgen. Der nächste Ort mit Pilgerherberge war zwar nur fünf Kilometer weiter, aber auch nicht größer.

Und so entschlossen wir uns, in Ledigos zu bleiben und verbrachten den Rest des Tages recht unspektakulär mit dem üblichen „Pilgerprogramm" (Bett im Schlafsaal sichern, duschen, Wäsche waschen, im Hof in der Sonne Neuigkeiten austauschen). Wobei der übliche Pilgeraustausch sich meist darauf bezog, wo man herkam und welche Strecke man an dem Tag zurückgelegt hatte. Nur manchmal wollte jemand wissen, aus welchen Motiven man den Jakobsweg beging, und noch seltener, welcher Tätigkeit man denn in seinem Alltag nachging.

Immerhin konnten wir uns bei unserem (aufgrund der Ortsgröße zugegebenermaßen recht kurzen) Gang durch die Gemeinde wieder über die bewohnten Storchennester auf den benachbarten Häusern

---

[15] Als Wegmarkierung auf dem Jakobsweg an den Abzweigungen – oder auf geraden Strecken auch zwischendurch um anzuzeigen, dass man noch auf dem richtigen Weg ist – dienen den Pilgern normalerweise gelbe, aufgemalte Pfeile oder Muscheln, so dass man im Zweifelsfall keine Streckenbeschreibung benötigt.

freuen, ein Anblick den man ja in Deutschland recht selten zu sehen bekommt. Anschließend spielten wir wieder bis 20 Uhr „Warten auf das Abendessen". Leider war das Schnitzel mit Pommes nicht besonders vegetarier-freundlich, und so war ich froh, dass ich mir vorher im Laden einen Tunfisch-Salat in der Dose gekauft hatte, den ich zu meinen Pommes essen konnte, und gab mein Schnitzel an Winfried weiter. Dazu teilten wir uns eine gar nicht mal so schlechte Flasche (!) Rotwein für zwei Euro und um 21.30 Uhr waren dann auch schon sämtliche Pilger im Bett verschwunden.

Erwartungsgemäß war der nächtliche Lautstärkepegel mit 15 Leuten in einem Schlafsaal relativ hoch und außerdem war es leider trotz zwei Wolldecken ziemlich kalt.

Fazit des Tages: 75,0 km, 4:18 h reine Fahrtzeit, ca. 200 Hm

Fr. 01.06.2007: Ledigos – Leon

Pünktlich um 5.30 Uhr raschelten dann schon wieder die ersten Pilger herum, um sich schon zu früher Stunde auf den Weg zu machen, aber dank Oropax konnte ich das gut ignorieren – zumindest bis um 7 Uhr. Zu dieser Zeit waren nur noch die drei Radpilger in der Unterkunft, denn bei morgendlichen 5-8 Grad und Gegenwind machte es nun wirklich keinen Sinn, früher loszufahren um sich „totzufrieren". Immerhin gab es zum Frühstück in der *albergue* noch einen *café con leche* und Joghurt, bevor wir uns um 8 Uhr wieder aufs Rad schwangen.

Mittlerweile fand ich mein kleines Gepäck schon fast praktisch, vor allem, weil es mir zeigte, mit wie wenig wirklich Notwendigem man im Zweifelsfall auskommen konnte. Dennoch wünschte ich mir, dass ich lange Handschuhe und Beinlinge eingesteckt hätte, die ich aus Gewichtsgründen (und weil ich nicht erwartet hatte, sie zu brauchen) daheim gelassen hatte. Für meine Erwartungen eines spanischen Junis war es nämlich morgens noch ziemlich kalt, aber zum Glück regnete es nicht und zur Abwechslung war es (noch) recht windstill.

Die fünfzehn Kilometer bis Sahagún verliefen immer schön neben dem Fußpilgerweg fast wie im Fluge, und zum rituellen Aufwärmen fanden wir kurz hinter dem Stadttor eine nette Bäckerei, wo wir schon zu so früher Stunde ein Schoko-Croissant und einen Tee bekommen konnten. Kurz nach dem Ort verlief unsere Route über eine schöne, ebene und kerzengerade Asphaltstrecke gleich neben dem Weg für die Fußpilger. Über dreißig Kilometer ging es über das platte Land, was mich ein wenig an zu Hause (in Norddeutschland) „hinterm Deich" erinnerte, nur unterbrochen von ein paar kleinen Ortschaften und Picknickplätzen. Ich dachte mir, dass wenn ich die Strecke zu Fuß ginge, würde ich wahnsinnig werden und wusste nun, was Hape Kerkeling meinte, als er das Wort zermürbend verwendete.

Burnout – Vom Jakobsweg zurück ins Leben

Es war zwar immer noch ziemlich frisch, dafür aber kaum windig. Deshalb kamen wir – nur unterbrochen von unserem Aufwärm-Café bzw. Tee-Ritual – ziemlich zügig und weitestgehend schweigend voran und hatten das 50 Kilometer entfernte Mansilla de las Mulas bereits gegen 12.30 Uhr erreicht. Zum Mittag genehmigten wir uns ein Tunfisch-Rührei mit sagenhaften vier Salatblättchen.

Zwischendrin amüsierten wir uns ein wenig über eine Gruppe von vier Rad fahrenden Holländern, der wir bereits seit einiger Zeit immer wieder begegnet waren. Jeweils drei von ihnen – allerdings immer unterschiedliche – waren immer fröhlich und flott weil ohne Gepäck unterwegs. Das hatten sie nämlich in dem Wohnmobil gelassen, in dem sie anscheinend alle vier übernachteten und vor dem der jeweils Vierte in einem Campingstuhl sitzend und zeitunglesend wartete. Leider hatten wir sie nie bei einem „Fahrerwechsel" beobachten können und auch nicht dabei, ob sie sich abends immer *credentials* holten, so dass ein großer Teil unserer Witzelei auf Spekulation beruhte.

Die nächsten vierzehn Kilometer führte der Weg an der Nationalstraße entlang und so trafen wir schon um 13.30 Uhr in León ein. Das kam mir sehr entgegen, denn so hatten wir am Nachmittag noch genügend Zeit, die schöne und sehenswerte Innenstadt zu besichtigen. Winfried wollte unbedingt in der Albergue im *Convento* der Klarissinnen übernachten, aber die lange Schlange von Pilgern, die bereits am Eingang warteten sowie der Gedanke an die strenge Hausordnung (Licht aus um 22.30 Uhr, Licht an um 6.15 Uhr) schreckten mich ab. Also suchte ich mir lieber wieder alleine und in Ruhe eine Pension, die auch nicht weit weg von der Altstadt war. Als ich fertig geduscht hatte, waren es auf einmal draußen sonnige 21 Grad, das war schon fast rekordverdächtig für diesen Urlaub! In einem *Supermercado* kaufte ich mir neben meiner Wegzehrung für die morgige Etappe eine Packung Quark, mit der ich mein schmerzendes Knie behandeln wollte[16].

---

[16] Quark-Packungen sind ein gutes und nebenwirkungsfreies Hausmittel bei entzündeten bzw. schmerzenden Gelenken

Die Etappen AUF dem Jakobsweg

Anschließend bummelte ich – mal wieder pünktlich zur Siesta – durch die Innenstadt. Auch wenn ich mich mit Winfried erst für 17 Uhr verabredet hatte, liefen wir uns schon gegen 15.30 Uhr vor der Kathedrale über den Weg. So klein war also eine 150.000-Einwohner-Stadt wie León... Wir tranken noch mal einen *Café con leche* (geschätzt den dritten für den Tag), bis auch endlich die Kathedrale für Besichtigungen geöffnet hatte. Die war mit ihren Buntglasfenstern und geschnitzten Holzaltaren wirklich wunderschön, wenn auch auf eine ganz andere Art und Weise als die in Burgos. Anschließend besichtigten wir noch den Guzman-Palast und das Gaudí-Haus – alles in allem erinnerte mich die Stadt architektonisch stark an Madrid.

Später trennten Winfried und ich uns dann wieder, weil ich in einem Internet-Café mal wieder Kontakt mit der Welt aufnehmen wollte. Damals gab es noch nicht in jeder Kneipe Free-WiFi, wie es heute auch überall am Camino der Fall ist. Außerdem wollte ich noch in einem Kaufhaus nach Beinlingen schauen, damit mir morgens auf dem Rad nicht immer so kalt sein würde. Dort kam ich allerdings nie an, denn als ich so durch die Gegend bummelte, blieb ich in einer interessant aussehenden Cidre[17]-Kneipe hängen, wo ich mich spontan entschloss, zu bleiben und zu Abend zu essen.

Völlig überraschend (und unverabredet) kam dann gegen 19.30 Uhr Winfried mit drei Damen hinzu, die er in seiner Herberge kennengelernt hatte. Und so wurde es noch ein recht witziger Abend, den ich gegen 22 Uhr mit einer Quarkpackung für mein Knie und mein sonniges Gesicht abschloss. Hoffentlich würden meine Halsschmerzen, die sich gerade sanft bemerkbar machten, morgen wieder weg sein!

Fazit des Tages: 72,3 km, 3:45 h reine Fahrtzeit, ca. 100 Hm

---

[17] Apfelschaum- oder –perlwein, der in Asturien auf charakteristische Weise eingeschenkt wird, in dem eine möglichst große Distanz zwischen Flasche und Glas gebracht wird, so dass das Getränk Dekantieren kann

Burnout – Vom Jakobsweg zurück ins Leben

Sa. 02.06.2007: León – Rebanal, auf 1.155 m

Die Halsschmerzen waren natürlich nicht weg – wie auch, wenn ich seit einer Woche frierend durch die Gegend fuhr und nachts andauernd abwechselnd am Schwitzen oder am Frieren war... Am Kloster San Marcos war ich mit Winfried zur gemeinsamen Weiterfahrt verabredet, und direkt am Platz gab es eine *Bar Peregrino* (Pilger-Bar). Das sahen wir als ein Zeichen und eine Einladung, so dass wir uns dort erst einmal ein Frühstück mit *napolitana con crema, café con leche* und Orangensaft genehmigten.

Den Weg aus der Stadt heraus folgten wir (mal wieder) auf unserer nun schon fast Lieblings-N120, allerdings war die Strecke ziemlich hügelig, was meinen Puls schon ungewollt hoch brachte. Kurz nach der Auffahrt zur Autobahn wurde die Straße aber zum Glück wieder erfreulich leer – und auch erfreulich eben. Ich hatte mich nämlich entschlossen, mehr auf die Signale meines Körpers (Hals- und Knieschmerzen) acht zu geben, weshalb ich froh war, als es teilweise sogar bergab ging und ich mit einem entspannten 120er Puls dahinradeln konnte. Und weil nun auch das Wetter langsam begann, so zu werden wie man es in Spanien erwartet, konnte ich später sogar erstmalig kurzärmelig fahren.

Im nächsten Ort Hospital de Órbigo, bekannt für seine schöne ca. 200 Meter lange alte Steinbrücke, fanden gerade die jährlich stattfindenden Ritterfestspiele statt. Daher liefen unzählige große wie kleine mittelalterlich gekleidete Menschen durch die Gegend, was unsere Suche nach einer Bar für einen Pausensnack zu einem Slalomlauf werden ließ. Aber die Stärkung tat uns gut, denn obwohl seit León erst etwa 25 Kilometer vergangen waren, konnten wir schon wieder gut eine Kaffee- und Obstpause gebrauchen. Dadurch kamen wir gut gestärkt schon nach weiteren achtzehn Kilometer gegen 12 Uhr mittags in Astorga an – ohne Stress und ohne Wind.

Winfried wollte hier übernachten, aber ich fand, dass es noch so „früh am Tag" war. Deshalb beschloss ich, auch um den langen Anstieg zum „gefürchteten" Cruz de Ferro auf zwei Etappen zu verteilen, hier nur eine Mittagspause mit Kultur-Stopp einzulegen. Denn die Stadt war ja berühmt für ihre große Kathedrale und den benachbarten *Palacio Episcopal* (Bischofspalast), mit dem für seinen bekannten Architekten Gaudí typisch märchenhaften Baustil mit Türmchen und verspielten Elementen. Und heute hatte sogar ausnahmsweise die Kathedrale noch geöffnet.

Anschließend radelte ich – nun ohne Winfried – gegen ca. 13.30 Uhr weiter, begleitet von der immer noch recht warmen Nachmittagssonne durch die *Montes León* (eine nahe gelegene Hügelkette). Der Weg führte durch malerisch-beschauliche Ortschaften wie Castrillo de Polvazares und Santa Catalina, wo der sprichwörtliche Hund begraben war. Bereits nach einigen Kilometern traf ich auf Konstantin, den Winfried und ich bereits zwischen Mansilla und León das erste Mal auf seinem alten, schweren Tourenrad überholt hatten. Wie Winfried hatte sich auch Konstantin bereits zu Hause in Deutschland auf den Jakobsweg begeben.

Und so fuhren wir gemeinsam und relativ gemütlich die etwa zwanzig Kilometer lange, fast menschenleere und relativ gut asphaltierte Strecke bis nach Rebanal del Camino, das auf 1.156 Meter Höhenlage liegt (also etwa 300 Höhenmeter von Astorga aus). Obwohl es eigentlich noch recht früh war (erst etwa 15.30 Uhr), hatte sich mein Knie gemeldet, so dass ich fand, dass es keine gute Idee sei, die noch folgenden 350 Höhenmeter (auf acht Kilometer!) bis zum Cruz de Ferro hinaufzufahren.

Überraschenderweise (für ein kleines 200-Seelen-Dorf) gestaltete sich die Unterkunftssuche nicht ganz so einfach. Denn obwohl der Ort neben ein paar Kirchen im Wesentlichen nur aus mehr oder weniger gut erhaltenen alten Steinhäuschen bestand, fanden wir zunächst nur ein Gasthaus, das Doppel- oder Einzelzimmer für 43 Euro bot, was ich für einen so kleinen Ort für völlig überteuert hielt. Aber anscheinend galt auch auf dem *Camino* wie überall in der freien Marktwirtschaft das Gesetz von Angebot und Nachfrage... In der nächsten Unterkunft, die wir fanden, schickte man uns weg, weil man lieber Fußpilger bevorzugte, aber schließlich fanden wir in einer wirklich netten Albergue einen 20-Betten-Schlafsaal für fünf Euro pro Nase. Zum Glück war es auch noch recht früh und darüber hinaus auch sonnig, so dass wir guter Hoffnung waren, dass die Wäsche noch rechtzeitig zum Dunkelwerden trocken würde…

Vor dem Abendessen besuchten Konstantin und ich zusammen mit vier bis fünf anderen deutschen Radfahrern noch einen Vesper-Gottesdienst mit gregorianischer Musik in einer der beiden Dorf-Kirchen. Der Gesang war sehr bewegend, und auf dem Heimweg in die Herberge entspann sich mit einleitend erwähntem Fußpilger aus Nordrhein-Westfalen noch eine nette Unterhaltung. Beim anschließenden Abendessen lernten wir dann noch Ursula und Albert kennen, ein jung gebliebenes Paar aus der Augsburger Gegend, mit denen wir in geselliger Runde bei einem riesigen Salat und etliche Flaschen Rotwein zusammen saßen.

Dennoch half auch das nicht darüber hinweg, dass jemand anderes schon voll am Schnarchen war, als wir als die letzten in den Schlafsaal kamen. Darüber hinaus hatte ich leider aus Platz- und Gewichtsgründen nur einen dünnen Hüttenschlafsack dabei (da wir ja schließlich in Spanien waren, hätte der erwartungs- und saisongemäß reichen müssen). So befürchtete ich, dass es mir bei den aufgrund der hohen Lage doch recht niedrigen Temperaturen damit zu kalt würde, wo ich doch ohnehin schon immer eher am Frieren war. Da es leider keine Wolldecken in der Herberge gab, die ich mir hätte ausleihen können, war ich recht dankbar, als mir Albert seinen „ordentlichen" Schlafsack auslieh.

Später sollte ich in einem Erinnerungs-Foto-Buch, das Albert von der Reise angefertigt hatte, den Vergleich meines Schlafsackes mit einem Negligé lesen…

Fazit des Tages: 70,4 km, 4:05 h reine Fahrtzeit, ca. 350 Hm

Eigenständig und doch verbunden – endlich wird's ruhiger

So. 03.06.2007: Rebanal – Trabadelo

Der Tag fing schon wieder früh mit Rascheln an. Fußpilger hatten anscheinend einen anderen Rhythmus als Radpilger, immer waren sie viel früher im Bett und immer waren sie viel früher auf dem Weg... Dank dem dicken Schlafsack von Albert war die Nacht – wenn sie schon laut war – doch immerhin warm. Obwohl ich mein Minimalgepäck wirklich schätzte, schwor ich mir, nicht noch mal in Gedanken über Radpilger zu lästern, die mit zwei riesigen Satteltaschen unterwegs waren...

Trotz allem konnte ich dann aber gegen sieben Uhr nicht mehr schlafen und so war ich schon recht früh beim Frühstück. Es war zwar nur ein spanisches Frühstück, bestehend aus *Café con leche* und Orangensaft, aber dafür hatten wir ja am Vorabend umso reichlicher gegessen... Die Herbergswirtin erzählte, dass ab etwa acht Uhr die Straße bei dem nächsten Ort Foncebadon gesperrt würde, da dort eine Rallye stattfinden sollte. Und so musste ich mich doch ein wenig sputen, um noch rechtzeitig vorher in dem sechs Kilometer entfernten Ort zu sein.

Dennoch konnte ich ganz bewusst die morgendliche Sonnenaufgangs-Stimmung über der Ginster-/Heide-/Mooslandschaft genießen – wie schön und malerisch! Wenn man von den paar Pseudo-Rallyefahrern absah, die bereits wie gestört mit ihren getunten Autos die Straße hinauf- und hinunter bretterten, konnte man sich auch glatt die Stille vorstellen, die hier normalerweise herrschte... Gleichzeitig war ich froh, nicht noch in Astorga geblieben zu sein, denn sonst hätte ich ja aufgrund der Rallye an dieser Etappe vermutlich an dem Tag nicht mehr weiter fahren können. Und so schaffte ich die sechs Kilometer lange Strecke, die bergauf bis Foncebadon führte, in etwa vierzig Minuten.

Burnout – Vom Jakobsweg zurück ins Leben

Durch die Beschreibungen in Paulo Coelhos und Hape Kerkelings Büchern hatte ich dort eher unheimliche bis mystische Erwartungen an den Ort gehabt, aber als ich dort ankam, wurden diese ziemlich enttäuscht. Ich wusste beim besten Willen nicht, was an den dreieinhalb Häuschen und schlafenden Hunden unheimlich sein sollte, erst recht nicht im Sonnenaufgang...

Das kurze Stück des letzten Anstiegs bis zum Cruz de Ferro bis auf 1.530 Höhenmeter wurde dann noch mal richtig steil. Schon gegen 8.30 Uhr kam ich oben an, und weil ich ziemlich durchgeschwitzt war, zog ich mir oben gleich erst einmal ein trockenes Trikot an. Dann erst ließ ich mich von einigen Touristen oder Mitpilgerern fotografieren – das offizielle „Gipfelfoto"! Als ich mir das „Gipfelkreuz" dann aber endlich genauer anschaute, war ich ziemlich enttäuscht, denn eigentlich heißt Cruz de Ferro ja Eisenkreuz, was wie ich fand wirklich imposant klingt. Letztendlich ähnelte das *Cruz* aber eher dem Gegenstand, den die Ministranten im Gottesdienst immer durch die Kirche tragen – hier hatte man es auf einem langen Baumstamm befestigt, der auf einem großen Steinhaufen stand...

Anschließend vollzog ich noch das obligatorische Ritual, das man als Pilger am Cruz de Ferro absolviert: Früher wurde an dieser Stelle einer römischen Weggottheit durch Ablegen eines Steines gehuldigt. In der heutigen Zeit wird jedoch ein von zu Hause mitgebrachter Stein als Symbol der auf dem Weg hinter sich gelassenen "Sünden" respektive der schon erfahrenen Läuterung abgelegt. Ehrlich gesagt hatte ich es schlichtweg vergessen, vor dem Flug noch einen Stein einzupacken, aber abgesehen davon hätte ich den auch nicht wirklich die bisherigen gut 500 Kilometer mitschleppen wollen.

Und so hinterließ ich einen schönen Stein, den ich am Vorabend auf der Auffahrt nach Rebanal in einem Feld „gefunden" hatte. Am Morgen in der Herberge hatte ich noch meine beiden „Lasten" darauf geschrieben, die ich loslassen wollte: Zum einen „Job-Frust" (denn dass mir mein Job schon lange keine Freude mehr bereitete, war mir auf dem Camino noch mal so richtig bewusst geworden) und zum anderen „Sorry Rainer". Denn ich fand die Tatsache irgendwie selbstsprechend, dass ich – obwohl sich mein Freund treu fast täglich meldete – nicht wirklich das Gefühl hatte, ihn zu vermissen.

Interessanterweise fühlte ich mich durch das Ablegen des Steines auf dem weiteren Weg aber nicht wirklich erleichtert – eher fühlte ich mich zum Heulen. Was aber eher unpraktisch war, weil es auf dem nun folgenden Streckenabschnitt auf einer ziemlich kurvenreichen Strecke ziemlich steil bergab ging, der Fahrtwind in die Brille reinpfiff und darüber hinaus dauernd Pseudo-Rallyefahrer wie Idioten um die Ecke rasten... Auf die schlichte wie naheliegende Idee, einfach anzuhalten und meinen Stein in Ruhe zu betrauern, kam ich irgendwie gar nicht...

Die 20 Kilometer Abfahrt vergingen wie im Fluge, und unten, in Molinaseca, fand ich, dass es erst einmal wieder Zeit für ein zweites Frühstück sei. Dazu aß ich zuerst einen mitgebrachten Snack auf einer Bank unten am Fluss und weil das nicht reichte, kehrte ich dann später noch in eine Bar ein. Auch wenn ich mich zum Heulen fühlte, die Tränen wollten immer noch nicht so recht kommen.

Eine Weile später traf dann auch noch Konstantin in der Bar ein (es gab in dem Ort allerdings auch keine Alternativen, so dass wir uns hätten verpassen können). So radelten wir anschließend wieder ein Stückchen zusammen weiter, allerdings nur bis kurz vor Ponferrada, wo wir uns wieder aus den Augen verloren.

Im Stadtzentrum dieser Stadt mit der bekannten Templerburg fand ich eine Möglichkeit mein Radl anzuschließen, so dass ich in Ruhe die Basilika mit der angeschlossenen „Yo Camino"[18]-Ausstellung besichtigen konnte. Dort waren unerwartet viele Eindrücke und Sprüche des Jakobsweges audio-visuell gestaltet wider gegeben. Die ganze Ausstellung sprach jedoch nicht nur Augen und Ohren an, sondern berührte mich vor allem deshalb so sehr, weil ich so ein Fan von Sprüchen und Zitaten bin.

---

[18] wörtlich: Ich, der Weg

Ich setzte mich dort erst einmal eine Weile hin und weinte wie aus Sturzbächen – Erleichterung! Es war als ob ein Teil von mir oder in mir angesprochen wurde, den ich so lange verdrängt hatte und der nun endlich freigelassen wurde, Zum Glück sagte keiner der anderen Ausstellungsbesucher etwas, aber dass sie mich völlig irritiert anschauten, bekam ich irgendwie trotz meiner verheulten Augen mit.

Auf dem Weg zurück zu meinem Rad traf ich wieder auf Konstantin und wir tranken in einem Café am Platz zusammen einen Kaffee. Die folgenden etwa fünfzehn Kilometer bis Cacabelos fuhren wir dann wieder gemeinsam weiter, aber irgendwie verloren wir uns dort noch einmal aus den Augen. In der nächstgrößeren Stadt, Villafranca del Bierzo[19], holte ich mir in der Herberge einen Stempel und setzte ich mich in ein Café auf der Plaza Mayor, um eine Tortilla[20] zu essen. Dort unterhielt ich mich mit einigen anderen Pilgern, die mir sehr zu meiner Verwunderung erzählten, sie wären schwerbehindert oder berufsunfähig – was man ihnen allerdings überhaupt nicht ansah. Da man den Camino wohl kaum einen Spazierweg nennen konnte, war ich ziemlich verblüfft.

Später kam dann auch wieder Konstantin hinzu, der in Villafranca in der Herberge bleiben wollte, wie auch die anderen Radler, die wir am Abend zuvor in unserer Unterkunft in Rebanal kennengelernt hatten. Immerhin war die Stadt historisch recht bedeutsam, denn seit etwa 1600 konnten Kranke und Schwache in Heiligen Jahren nach Durchschreiten des Nordportals der Iglesia de Santiago den gleichen Ablass wie am Grab des heiligen Jakobus in Santiago erhalten, um ihnen die weiteren Anstiege auf die Galizischen Pässe zu ersparen.

Getrieben von einer inneren Unruhe kam jedoch für mich ein Bleiben nicht infrage. Ich wollte – glaubte ich – (wahrscheinlich wäre ein „musste" an der Stelle korrekter) noch mal alleine durch ein Tal der Tränen hindurch, das vermutlich zum Pilgerdasein dazugehört.

---

[19] die *Bierzo* ist das umliegende Weinanbaugebiet
[20] Typisch spanischer Snack aus Kartoffeln und Ei

Zwischendurch erhielt ich noch eine SMS von meinem Weggefährten Guido: *Liebe Christina, Tränen machen frei, lasse sie laufen und Du wirst wieder lachen. Ich weine mit, es geht mir genauso. Das macht der Weg.*

Gegen 15 Uhr verabschiedete ich mich, um noch weitere zehn Kilometer leicht bergauf bis Trabadelo zu fahren. In der einzigen Pilgerunterkunft in dem winzigen Ort gab es zum Glück noch in einem 6er-Zimmer – mit ansonsten fünf Wander-Franzosen – ein einziges freies Bett. Der letzte Sonnenschein des Tages bot sich an zum Wäschewaschen, außerdem spendierte ich meinem schmerzenden und angeschwollenen Knie wieder mal eine Quarkmaske.

Überraschenderweise tauchten später dann noch Ursula und Albert auf, das Pärchen aus der Unterkunft in Rebanal. Und obwohl ich vorhatte, lieber alleine mein Tal der Tränen zu beenden, freute ich mich, die beiden zu sehen und wir wollten zusammen Abendessen gehen.

Fazit des Tages: 69,1 km, 4:00 h reine Fahrtzeit, ca. 500 Hm

Burnout – Vom Jakobsweg zurück ins Leben

Mo. 04.06.2007: Trabadelo – Sarria

Nachts war es zur Abwechslung mal nicht kalt (der Ort war allerdings auch nicht wirklich hoch gelegen). Dennoch schlief ich schlecht, denn der einzige Kerl unter fünf Frauen im Zimmer hatte doch tatsächlich auch noch geschnarcht. Erwartungsgemäß waren die fünf Kampfwander-Franzosen viel früher wach als ich und darüber hinaus sehr laut. Deswegen war ich schon nach dem Aufstehen ziemlich missmutig gelaunt. Außerdem trauerte ich um mein Telefon, das ich seit gestern Nachmittag vermisste.

Zum Frühstück hatte ich mir am Vortag zwei Joghurts und eine Nektarine gekauft, die ich verspeiste, während mir zwei deutsche Neunmalschlaus eine Unterhaltung aufs Auge drückten. So früh am Tag und nach dem Ärger über die Rücksichtslosigkeit meiner Zimmerkameraden war ich nicht wirklich auf Konversation aus und war deshalb ziemlich genervt. Vor allem, weil sie meinten, mir sagen zu müssen, wie froh und befreit ich doch sein sollte ohne das Telefon.

Der entscheidende Unterschied in der Situation war allerdings immer noch, ob man sich eine Situation bewusst aussucht oder nicht, fand ich. Außerdem war das letzte was ich nun gerade wollte, mir hier irgendeinen Blumenkohl ans Ohr binden zu lassen, der mich nicht interessierte. Ich wollte dort einfach nur noch weg! Gerade als ich meine Sachen fertig eingepackt hatte, klingelte plötzlich ein Weckton aus meinem Rucksack. Mein Handy (das ich immer als Wecker benutzte) war wieder da! Es war zwischen den Rucksack und dessen Anti-Schwitznetz gerutscht. Ich ärgerte mich über mich selbst, denn ich hatte meinen ganzen Rucksack am Vorabend mindestens dreimal durchsucht gehabt... Dummerweise hatten es noch mindestens zwei andere Personen mitbekommen, was mir peinlich war. Aber alle (außer mir selbst) nahmen es mit Humor.

Kurz vor dem Aufbrechen bemerkte ich, dass der eine der beiden Neunmalschlaus eine Fußprothese hatte. Im Geiste entschuldigte ich mich bei ihm für all die Attribute, die ich ihm zugedacht hatte und zog meinen Hut vor der Leistung, mit dieser körperlichen Einschränkung hunderte von Kilometern zu gehen: Respekt!

Gegen acht Uhr machte ich mich auch endlich auf den Weg. Nach etwa elf Kilometern sanften Anstiegs machte ich dann bei strahlendem Sonnenschein mitten in einem Ginsterfeld die nächste Rast, denn mittlerweile war es so richtig warm geworden. Denn bereits am Tag zuvor war mir der Gedanke gekommen, dass ich es die erste Woche hier auf dem Camino so eilig gehabt hatte vorwärts zu kommen, dass ich quasi blind für sich bietende Gelegenheiten zur Einkehr gewesen war. Wie mir bei meiner sonnigen Rast nun klar wurde, war das auch durchaus mit meinem bisherigen Leben vergleichbar gewesen. Denn ich hatte in der Vergangenheit in vielen Belangen ein ziemliches Tempo an den Tag gelegt und mir kaum Pausen zum Atemholen gegönnt. So war mir mit Sicherheit nicht nur das eine oder andere schöne Plätzchen zum Rasten durch die Lappen gegangen, sondern sicher auch alle möglichen sich bietenden Gelegenheiten, um neue Lernerfahrungen zu machen oder neue Gewohnheiten zu entwickeln. Das wollte ich ab nun ändern und mein Leben mehr genießen!

Oben, am Ende der kleinen ansteigenden Straße, kam endlich Pedrafita do Cebreiro, der erste Ort in der Provinz Galicien. Dort lud ich meine spanische Handykarte auf und kaufte ein paar Kirschen. Auf jeden Fall war es mittags um elf Uhr herum mittlerweile schon so richtig anstrengend heiß...

Als ich auf dem Gipfel im Bergdorf O Cebreiro ankam, ging ich zunächst in die für ihr Hostienwunder bekannte Kirche, die zwar sehr schlicht, aber schön dekoriert war. In deren Inneren war es relativ kühl, was bei den warmen Außentemperaturen eine echte Wohltat war. Deshalb blieb ich dort etwa eine Stunde und schaute noch in ein paar keltische runde Steinhütten (Pallozas) hinein, deren mit Stroh gedeckte Dächer fast bis zum Boden reichten und die deshalb auch keine Fenster hatten. Ich war mir nicht sicher, ob die Hütten tatsächlich noch bewohnt waren oder nur touristischen Zwecken dienten. Darüber hinaus genoss ich noch die Aussicht von dort oben zurück in Richtung Castillia y León, woher ich gerade gekommen war. Der Blick in Richtung Galicien, die Provinz die nun noch vor mir lag, war bewölkt.

Burnout – Vom Jakobsweg zurück ins Leben

Mittlerweile war mir einfach nur noch warm, es schien mir, als ob pünktlich zum Juni-Anfang jemand den Temperatur-Regler hoch gedreht hatte! Leider wurden meine Halsschmerzen, die mich seit Tagen begleiteten, nicht besser.

Über die serpentinenreiche Straße rollte ich und genoss einen schönen Asphalt-Downhill mit 7 %-Gefälle, als eine Wiese mit Fernblick über die Weite Galiziens auf der rechten Seite am Straßenrand meine Aufmerksamkeit an sich zog. Nein, mahnte eine innere Stimme, ich könnte doch jetzt nicht mitten auf diesem genialen Downhill einfach anhalten. Ja, wieso konnte ich das denn eigentlich nicht, sagte eine andere. Ich hörte auf die zweite Stimme, denn ich hatte mir ja vorgenommen, mir mehr Pausen zu gönnen, anstatt das Leben als Rennen zu sehen. So legte mich für eine halbe Stunde mitten zwischen Ginster und Klee in eine Wiese, um eine Gedankenpause zu machen. Auf Augenhöhe mit den vielen schönen Blumen, wunderte ich mich, wofür man eigentlich in eine Kirche pilgern müsste, wenn man doch so mitten in der Natur Gott mindestens genauso gut begegnen konnte. Im Gegenteil, die Blumenwiese war mir persönlich fast nachhaltiger im Gedächtnis geblieben als sämtliche Kirchengebäude auf dem ganzen Camino zusammen.

Gut gestärkt und gesammelt durch meine Gedankenpause rollte ich also weiter auf der schönen breiten Asphaltstraße hinab in den Ort Triacastela. Der Ort war nicht wirklich spannend und die angeblich so berühmte Kirche fand ich erst gar nicht. Die weitere Strecke führte über Samos mit seinem riesigen Kloster, das allerdings eine ziemlich finstere Atmosphäre hatte. Also beschloss ich, noch ein wenig weiter bis Sarria zu fahren – und war ehrlich verblüfft, wem ich auf dem letzten Stück Weg begegnete: Meinem mittlerweile schon Dauerbegleiter Konstantin! Was für ein schönes Wiedersehen.

Die erste Pilgerherberge, die wir im Ort fanden, machte eher einen unsympathischen Eindruck auf mich, während die zweite Herberge Konstantin nicht gefiel. Daher waren wir richtig froh, kurz vor dem Ortsaufgang noch eine richtig nette Unterkunft zu finden, die uns beiden zusagte. Diese hatte einen wunderschönen Innenhof, ein Kaminzimmer und sogar eine Sonnenterrasse. Ein echter Geheimtipp, fast wie im Hotel (es fehlte nur noch der Pool...).

Dann kam wieder das übliche Nachmittagsprogramm: Duschen, waschen und noch mal zum Einkaufen. Dabei trafen wir Albert, den seine Frau zur Unterkunft-Suche voraus geschickt hatte. Wir empfahlen ihm unsere, weil wir es schön fanden, den Abend noch mal gemeinsam zu verbringen. Auf der Dachterrasse tankte ich noch ein wenig Sonne, bevor ich mich in die Stadt zum Abendessen begab. Leider wollten die anderen drei nicht mit essen gehen, daher aß ich mein *Menu del dia* eben alleine. Die leckere *Calda gallega* (Galizische Kohl-/Kartoffel-/ Bohnensuppe) als Vorspeise mit dem anschließenden Fisch mit Pommes (die ich schon ziemlich lange, also bestimmt vier Tage, nicht mehr hatte) waren auch wirklich gut.

Als ich zurück ins Hostal kam, saßen die anderen schon mit ein paar weiteren Fußpilgern in internationaler Runde bei einem *vino* im Kaminzimmer. Ich setzte mich dazu und gemeinsam tranken wir eine fröhliche Runde Rotwein, dazu spanischen Käse, feurige *chorizo* (Paprikasalami) und Oliven. Gegen 22 Uhr – also für den „normalen" Pilger schon tiefste Schlafenszeit – kam dann noch die Wirtin mit zwei bis drei Flaschen selbstgebranntem Schnaps und Likör und schmiss von jeder Flasche mindestens eine Runde. Später schloss sich uns noch eine Fußpilger-Truppe aus Hamburg an, die sich ebenfalls fürs „Spätschicht-Schlafen" bereit erklärten. Gegen Mitternacht wankten wir dann alle zu Bett.

Fazit des Tages: 69,8 km, 4:10 h reine Fahrtzeit, ca. 920 Hm

Di. 05.06.2007: Sarria – Melide

Ich schlief durch bis um sieben – Vino sei Dank. Allerdings ging es mir entsprechend dreckig, ich fühlte mich völlig verschleimt auf den Bronchien und meine Stimme hatte beschlossen, den Geist nun völlig aufzugeben (ebenfalls Vino sei Dank...). Aber nach einem Frühstücksjoghurt und einem Kaffee aus dem Kaffee-Automaten war zumindest meine Stimme wieder einigermaßen „geölt". Die Halsschmerzen blieben jedoch. Also wollte ich den Tag ruhig angehen lassen, aber es war ohnehin schon recht spät zum Aufbruch.

Der Weg aus der Stadt führte zunächst einen schnuckeligen Weg durchs Grüne, später verlief er wieder an einer größeren Autostraße entlang. Leider ging es ca. 15 Kilometer relativ recht stark bergauf, aber zumindest die nächsten acht Kilometer bis Portomarín konnte ich eine tolle Bergab-Fahrt genießen.

Die Stadt wurde etwa 1960 komplett auf einen Hügel neu errichtet, um bei der Anlage des in der Nähe angelegten Belesar-Stausee nicht in diesem zu versinken. Kunstgriff bei der Aktion war die Abtragung und der komplette Neuaufbau zweier alter Kirchen und ein paar weiterer Bauwerke, was sich wunderbar in die ansonsten neuen Gebäude einfügte. Durch die Aussicht vom Hügel über den Stausee (und aufgrund ihrer Geschichte) hatte die Stadt ihren sehr eigenen Charme. Bei sehr tiefen Pegelständen soll sogar das alte Portomarín wieder im Wasser zu sehen sein.

Jedenfalls war Portomarín nicht nur recht schnuckelig, sondern zum Glück auch so groß, dass es neben zwei Pilgerunterkünften auch etliche Läden, Bäckereien und Souvenir-Läden gab. Als ich endlich in einem Café an der Straßenecke saß, um meinen (spät-)morgendlichen *Café con leche* und ein Schoko-*Napolitana* zu essen, traf ich wieder mal auf Konstantin und einen anderen bekannten Radpilgerer. Zusammen gingen wir in die Kirche, um uns unser *credential* abzuholen.

Weiterfahren taten wir dann allerdings getrennt, jeder in seinem eigenen Tempo. Mir gefiel diese Art der losen Verbundenheit, so kam mir der Gedanke, dass es auf dem Camino irgendwie wie im richtigen

Leben ist: Man trifft sich, fährt oder geht ein Stück des Weges gemeinsam, dann trennt man sich und manchmal trifft man sich ein paar Stationen später wieder. Man teilt Erlebnisse und Gedanken und sieht sich später wieder oder auch nicht, alles ohne großes Drama. Und dennoch hatte ich es so unkompliziert wie hier auf dem Camino zuvor noch nicht erlebt.

Die nächsten zwanzig Kilometer führten mich durch ein paar kleinere Feldwege (die allerdings immerhin geteert waren). Die Landschaft erinnerte mich stark an Zuhause: Sanfte Hügel mit Ginster, Kiefern und Birken, außerdem gab es noch Fingerhut und Margeriten. Das war ein interessanter Gedanke, denn obwohl ich schon seit Jahren in München lebte und mich dort sehr heimisch fühlte, fiel mir auf, dass die Assoziation „Zuhause" für mich eindeutig Norddeutschland war...

Langsam wurde es ziemlich heiß und ich bemerkte, dass an den Straßenrändern keine Brunnen mehr zu finden waren. Dafür standen – seit ich in Galicien war – nun öfters Schilder herum, auf denen stand, dass der Ausbau diverser Straßen mit Mitteln der EU erfolgt war. Ich dachte mir, dass es doch mal ganz gut sei, zu sehen, wohin meine ganzen gezahlten Steuergelder fließen...

Ein paar Kilometer weiter gab es mitten im Nichts eine Wirtschaft (Kategorie: Schrebergarten-Wirtschaft), wo ich mich mit einem Käse-*bocadillo* stärkte, um anschließend weiter meines Weges durch die schöne Natur und die Ginsterfelder zu fahren. Ich sinnierte, dass ich irgendwie fast schon ein wenig traurig war, schon bald in Santiago zu sein, wo ich doch gerade erst angefangen hatte abzuschalten und meinen Gedanken nachzuhängen...Und mich einzulassen... Mir kam der Gedanke, dass ich bei meinem üblichen „durch die Gegend-Gehetze" ziemlich lange auf eine Erleuchtung oder Eingebung warten konnte.

Bis zu diesem Zeitpunkt hatte ich mir die Erleuchtung immer als eine Art Geistesblitz oder Lichtkugel vorgestellt, die vor einem erscheint, und wenn man das Glück hatte, diese zu sehen, ist hinterher alles anders, viel klarer, so dass man dann noch genauer weiß, wo es lang geht. Nun kam mir erstmalig der Gedanke, dass das mit der Erleuchtung so ähnlich sein müsste wie mit einem Schmetterling, der sich auch nicht irgendwo niederlässt wo Hektik ist, sondern nur dann, wenn man in Ruhe nichts tut. So ähnlich musste das wohl auch mit der Erleuchtung sein, denn wenn ich dauernd quasi mit Höchstgeschwindigkeit dem Leben auf dem Überholspur hinterher- (oder auch weg-?) lief, wie sollte da irgendetwas – egal ob Erleuchtung oder Schmetterling – je die Chance haben, mich einzuholen und mich durch seine Anwesenheit zu erfreuen?

Die Hitze war mittlerweile unerträglich. Keine Ahnung, warum die Temperaturen so extrem waren. Eine Woche zuvor hatte ich noch bei etwa 7 Grad und Gegenwind gefroren und nun war es unerträglich warm. Und ich war krank (ja, die Halsschmerzen waren immer noch da...).

In Palas de Rei traf ich wieder Konstantin und wir fuhren bis Melide zusammen weiter. Ich konnte ihn überreden, mit mir zusammen die Strecke aus dem Bikeline-Führer über Nebenstraßchen zu fahren anstatt der stark befahrenen Bundesstraße. Die paar Kilometer, die die Strecke mehr hatte, waren nicht schlimm, denn die Natur war dort wunderschön (wenn auch ähnlich wie zu Hause). Typisch für die Gegend waren allerdings nun die *Hórreos* (Getreidespeicher), die wie überdimensionierte Taubenschläge auf den Wiesen herumstanden. Dafür waren diese aber gut erhalten und häufig sehr schön verziert. Außerdem gab es Dank der Bäume am Straßenrand sogar auch Schatten.

Allerdings war unsere Wegbeschreibung recht dürftig, so dass wir zwischendurch mehr als einmal vermuteten, uns verfahren zu haben. Nach einigen Kilometern fanden wir dann jedoch wieder zurück auf die Hauptstraße und rollten nach Melide. Die Stadt selbst war allerdings relativ unspektakulär. Die offizielle Pilgerherberge hatte zwar noch freie Betten, war dafür aber echt widerlich – 20 Betten-Zimmer, mit schmuddeliger Bettwäsche und ebensolchen Bädern. Eklig. Und das, wo ich mit meinen Halsschmerzen einfach nur meine Ruhe wollte... Am liebsten hätte ich wieder ein schönes und ruhiges kleines Pensionszimmer gehabt, wo ich meine Ruhe haben konnte, oder so ein Hostal wie letzte Nacht. Leider gab es jedoch in dem Ort außer ein paar Hotels an der Hauptstraße, von denen ich vermutete, dass diese ziemlich laut waren, keine Hostals, so dass ich mangels Alternativen dort bleiben musste.

Gemeinsam mit Ursula und Albert, die heute auch bis Melide gefahren waren, gingen wir noch in die typisch galizische (wie ich beim Schreiben des Buches herausfand, sogar bei Wikipedia erwähnte!) *Pulpería*[21] Ezequiel, wo wir natürlich die Spezialität des Hauses *Pulpo a feira* aßen (Krake auf galizische Art, gekocht und mit Salz und Paprikapulver gewürzt, auf Holzbrettchen serviert). Dazu gab es Brot und Wein aus Schalen.

Später am Abend freute ich mich über einen Telefonanruf von Guido, der mir erzählte wo er zu dem Zeitpunkt steckte und dass mein tagelanger Wegbegleiter Winfried leider an einer sehr schweren Magen-Darm-Geschichte erkrankt war. Um 22 Uhr ging ich dann ins Bett, aber nachdem der erste schon schnarchte, konnte ich – trotz Oropax – nicht wirklich gut einschlafen. Außerdem hatte immer noch Halsschmerzen…

Fazit des Tages: 70,4 km, 4:33 h reine Fahrtzeit, ca. 600 Hm

---

[21] Pulperia = Lokal, das sich auf Pulpo (also Krake) spezialisiert hat

Mi. 06.06.2007: Melide – Santiago

Ein schnarchender Südländer hielt den ganzen Schlafsaal wach (was bei einem 20-Bett-Zimmer nicht wirklich überraschte). Also flüchtete ich gegen 2 Uhr in den Aufenthaltsraum, wo es freie Extra-Matratzen gab. Die waren allerdings ziemlich kalt, eine Wolldecke gab es auch nicht und gegen 5.30 Uhr standen die ersten schon wieder auf. Entsprechend war meine Laune, als ich dann relativ übermüdet gegen sieben Uhr aufstand. Die anderen waren auch schon wach und so sattelten wir die Räder fertig. Zusammen mit Ursula, Albert und Konstantin aßen wir im Café gegenüber ein gemeinsames Frühstück, später kamen auch noch zwei andere radelnde Bekannte dazu.

Weiterfahren taten wir aber dann doch wieder jeder für sich… Das Wetter war zum Glück wieder sehr sonnig, aber ich befürchtete in Santiago einen ähnlichen Andrang wie in Melide und weil ich keine Lust auf noch eine schlaflose Nacht hatte, spürte ich einen starken inneren Drang, so bald wie möglich dort anzukommen. Die ganze Entspannung und die Erkenntnisse des gestrigen Tages waren futsch…

Im nächsten Ort Arzúa trank ich in einem Café einen heißen Kakao, um meine Stimme zu ölen (die nämlich immer noch ziemlich krächzend war). Aber wegen so etwas wie Halsschmerzen oder Heiserkeit so kurz vor dem Ziel aufzugeben war nicht mein Ding. Daher entschied ich mich für die kürzeste Route via Landstraße. Zum Glück hatte die mehr „Landeanflug-Charakter" als Steigungen…

In der Nähe des Flughafens von Santiago (der ca. fünfzehn Kilometer außerhalb der Stadt liegt) wurde die Streckenführung dann allerdings noch ziemlich kompliziert, denn die Strecke für Radfahrer folgte nun dem normalen Fußpilgerweg – was bedeutete, um die Fußgänger herum Slalom zu fahren.

Leider gab es noch zweimal ziemlich knackige Anstiege – anstrengend, wenn man mit Halsschmerzen angeschlagen ist… Der dritte Anstieg war der bekannte *Monte de Gozo* (der auch „Freudenberg" genannt wird, weil man von dort erstmals die Kathedrale von Santiago, also das Ziel des Pilgerweges, erblicken kann). Früher ging man von hier aus zur körperlichen und geistigen Entschleunigung die letzten fünf Kilometer barfüßig bis zur Kathedrale. Heute steht dort die mit 800 Betten wohl größte Pilgerherberge am Jakobsweg, die gebaut wurde, um dem großen Pilger-Ansturm vor allem in den heiligen Jahren[22] gerecht zu werden.

Weil ich einerseits nicht wirklich Lust auf noch mehr Pilger-Slalom hatte und andererseits das Gefühl und den inneren Drang hatte, nur noch ankommen zu wollen, ließ ich den *Monte de Gozo* einfach aus und folgte dem direkten Weg in die Stadt. Dass mir dabei ein imposanter erster Ausblick auf den „Sehnsuchtsort auf dem Sternenfeld[23]" entging, war mir damals nicht wirklich klar. Und obwohl ich von meinem Naturell her normalerweise nicht der Meinung war, alles tun zu müssen, was „man halt so tun muss", wenn es mich nicht wirklich interessierte, war es – wie mir mittlerweile klar wurde – mal wieder typisch für mich, klassische „Must-Sees" genau deshalb zu verpassen, weil ich so ungeduldig war.

Und so gestaltete sich die Einfahrt ins Zentrum von Santiago ähnlich wie die Ausfahrt aus Pamplona zu Beginn meines Caminos: irgendwie planlos. Aber immerhin war das ein schöner Rahmen – wie der Anfang, so das Ende...

Als ich das Stadtzentrum erreichte, war ich etwas desorientiert. Die Markierungen für den Pilgerweg hatte ich eh schon vor einer ganzen Weile aus den Augen verloren und der Stadtplan meines Reiseführers half mir deshalb auch nicht weiter. Und weil ich keine Lust hatte, meinen „Einzug" in die barocke Kathedrale völlig durchgeschwitzt und mit meinem ganzen Gepäck zu machen, hielt ich lieber erst einmal nach einer Unterkunft Ausschau. Wie erwartet war die Hotelsuche ähnlich

---

[22] Die sogenannten „Heiligen Jahre" sind die Jahre, wenn der 25. Juli, der Namenstag des Heiligen Jakobus auf einen Sonntag fällt. Das letzte Heilige Jahr war 2010, das nächste wird 2021 sein.
[23] Sternenfeld ist die wortwörtliche Übersetzung von Compostela (lat. Campo: Feld, lat. Stella: Stern)

schwierig wie in Melide, aber immerhin war die Auswahl größer. Im dritten Anlauf fand ich ein kleines Hostal am Rande der Altstadt, und nachdem ein Einzelzimmer das gleiche kostete wie eines mit zwei Betten, nahm ich dieses. Irgendjemand von den anderen würde sich drüber sicher freuen... Erst später stellte ich fest, dass man von meinem Zimmer unterm Dach sogar das Dach der Kathedrale sehen konnte.

Nach einer Dusche machte ich mich erst einmal zu Fuß (d. h. in meinen Badeschlappen) auf den Weg in die Stadt. Als erstes wollte ich zur Stärkung einen schönen *café con leche* trinken, in einer Bar auf der *Plaza Cervantes* gab es sogar Häppchen dazu... Aus dem Laden auf der anderen Seite drang galizische oder keltische Musik. Sie klang sehr traurig und erinnerte mich zudem an Rainer (der ein Faible für alles Keltische hatte). Ich musste weinen.

Anschließend suchte ich die Kathedrale, die ich allerdings nicht über den offiziell markierten Pilgerweg sondern quasi durch den Hintereingang erreichte. Diese war zwar sehr beeindruckend, aber irgendwie auch etwas düster. Aber vielleicht lag das auch an meiner Stimmung – irgendwie fühlte ich mich insgesamt gerade ziemlich düster, traurig und alleine. Vor der Kathedrale, als ich auf die *Plaza Obradoiro*[24] ging, dem eigentlichen „Haupteingang" der Kathedrale für die Pilger, kam mir der Gedanke, dass ich – wie schon öfters in meinem Leben – so viel alleine gemacht und auch geschafft hatte. Meistens hatte ich mich allerdings nicht richtig darüber freuen können, weil das Schöne an Gemeinschaftserfolgen eben doch ist, dass man sich gemeinsam darüber freuen und später daran erinnern kann... Und so war ich ein wenig wehmütig, als ich meine obligatorischen Fotos machte und andere Pilger bei ihren gemeinsamen „Ziel- oder Siegerfotos" machen beobachtete.

Aber auch diesmal – wie schon mehrmals auf dem Jakobsweg – lagen Traurigkeit und Freude dicht beieinander, quasi im Minutentakt.

---

[24] übersetzt: Platz des Arbeiters, denn auf diesem wohnten früher während der Bauzeit die Bauarbeiter der Kathedrale

Denn mitten in diese Stimmung herein traf ich: Albert, Ursula und Konstantin! Ich hätte mir keinen passenderen Ort wünschen können für unser Wiedersehen, denn im Gegensatz zu all den anderen Mini-Ortschaften in der letzten Woche schien Santiago mit ca. 95.000 Einwohnern geradezu riesig. So wäre es – weil neben den Tausenden von Pilgerern aus vielen verschiedenen Richtungen ja auch noch normale Touristen unterwegs waren – gut möglich gewesen, dass wir uns nicht mehr begegnet wären.

Wir freuten uns alle über unser Wiedersehen und machten nun doch noch ein schönes Gruppen-Siegerfoto vor der Kathedrale. Anschließend gingen wir zusammen ins Pilgerbüro, um uns unsere *Compostela*, die Pilgerurkunde abzuholen. Diese bekommt jeder, der sich ein- oder mehrmals täglich *credentials* in seinen Pilgerausweis hat stempeln lassen und so nachweisen kann, dass er als Fußgänger mindestens 100 oder als Radfahrer bzw. zu Pferd mindestens 200 Kilometer als Pilger zurückgelegt hat. Wir witzelten noch ein wenig darüber, dass die Compostela auf Latein geschrieben war und wie denn wohl unsere Namen auf Latein hießen.

Zum Glück waren die Angestellten im Pilgerbüro wirklich nett und unkompliziert. Sie boten uns sogar eine Papprolle an, damit wir unsere *Compostela* unzerknickt nach Hause bekämen!

Später brachte ich dann Ursula und Albert in einer Pension bei mir in der Nähe unter und Konstantin nahm das zweite Bett bei mir im Zimmer. Nachdem die anderen sich ebenfalls frisch gemacht hatten, machten wir noch einen Kollektivbesuch beim alten Santiago, das heißt übersetzt: der heilige Jakob. Eigentlich war es auch nicht er, sondern nur seine Reliquien, die in der Kathedrale aufbewahrt werden und dessen Schrein man – natürlich gegen Spende – umarmen und küssen konnte, weil dem in der Vergangenheit Wunderheilungen nachgesagt wurden.

An der Kathedrale trafen wir jedenfalls auch noch unsere anderen beiden „alten Bekannten" Mark und Klaus und so gingen wir dann zu sechst in ein Lokal in der Altstadt zum Paella essen. Das war zwar nicht übermäßig lecker, aber dafür war der Abend, der mit einem gemeinsamen Absacker in dem wunderschönen Garten des Hotels bei unserer Pension um die Ecke abschloss, umso netter...

Fazit des Tages: 58,3 km, 3:11 h reine Fahrtzeit, ca. 300 Hm

Oops, ich bin ja schon da – und jetzt?

Do. 07.06.2007: Santiago

Diese Nacht schlief ich ziemlich schlecht, was zur Abwechslung mal nicht an den Umständen lag, sondern daran, dass ich ziemlich starken Husten hatte und außerdem meine Stimme noch immer fast weg war. Entsprechend begann auch der Tag. Die *Churros con chocolate*, die ich zum Frühstück aß, waren nicht besonders lecker, dafür aber umso teurer. Später wollte ich in dem einzigen Radgeschäft, das ich fand, ein Werkzeug zur späteren Demontage meiner Pedale kaufen, damit ich es wieder in meiner Radtasche verstauen konnte. Allerdings boten die mir nur eine Art „Spielzeug"-Tool an, mit dem man sicherlich viel machen konnte, aber keine ordentliche Kraftübertragung...

In Anbetracht meiner Halsschmerzen hatte ich überlegt, dass ich lieber schon früher zurückfliegen wollte als am Sonntagnachmittag, aber leider fand ich weder ein Reisebüro, um meinen Flug umbuchen zu lassen, noch ein *estanco*[25], wo ich mir eine Telefonkarte kaufen konnte um dies selbst zu tun. Als mir dies später doch noch gelang und voller Erwartung bei der Lufthansa anrief, wurde ich prompt wieder auf den Boden der Tatsachen zurückgeholt: Zuerst war bei der Lufthansa keiner zuständig oder man verstand mich nicht, weil ich so heiser war („Macht ja nichts, rufen Sie einfach später noch mal wieder an..."). Später, als ich nach den ganzen Tonbandansagen („Wählen Sie die 1 wenn Sie einen Flug buchen wollen, die 2 wenn Sie bla bla bla, ansonsten bleiben Sie einfach dran") endlich jemand dran bekam, war ich bereits 9 Euro los nur um herauszufinden, dass der Freitags-Flug bereits voll und die Umbuchung auf den Samstag (also nur einen Tag früher) überproportional teuer war. Abgesehen davon hätte es nur noch einen freien Platz für einen Flug schon zweieinhalb Stunden später gegeben, was ziemlich knapp ist, wenn man noch nicht gepackt hat, die Radtasche noch im Postamt liegt und man außerdem eine gute Stunde vor Abflug da sein muss.

---

[25] Tabakgeschäft bzw. Kiosk

Also beließ ich alles beim Alten. Ich war genervt und fühlte mich ziemlich elend. Vor lauter Selbstmitleid setzte ich mich heulend und schmollend auf die *Plaza Obradoiro*. Aber wie das nun mal so ist, wenn man einfach nur in Ruhe vor sich hin schmollen wollte – kam der Konstantin vorbei! Es war schon erstaunlich und wunderbar – wie schnell mich Menschen, die ich noch gar nicht besonders lange kannte, wieder aufheitern konnten.

Also gingen wir zusammen einen Kaffee trinken, um dann pünktlich um 12 Uhr zum täglich stattfindenden Pilgergottesdienst in die Kathedrale zu gehen. Dort trafen wir auch die anderen Vier. Der Gottesdienst selber hinterließ bei mir einen ambivalenten Eindruck: Einerseits die singende Nonne, die mit ihrer wundervollen und raumfüllenden Stimme jeden Tag im Pilgergottesdienst ein Lied sang, dass einem die Tränen kamen. Andererseits versprach sich der Pfarrer ausgerechnet an der wichtigsten Stelle und begrüßte uns im Haus des Apostels San Juan anstatt im Haus des Apostels Santiago – wie peinlich. Außerdem war ich deshalb enttäuscht, weil ich – wie vermutlich viele andere Deutsche nach der Lektüre von Hape Kerkelings Buch auch – die Erwartungshaltung hatte, dass wir Pilger alle namentlich aufgerufen oder begrüßt wurden hatte. Doch das war leider nicht der Fall – anscheinend waren es gerade zu viele Pilger.

Nach dem Gottesdienst tranken wir – mal wieder – zusammen einen Kaffee. Es kamen noch die zwei „Marktgräflerinnen" dazu, wie Konstantin sie immer nannte, die hier in Santiago von ihren Familien mit dem Auto abgeholt werden sollten. Konstantin wollte ihnen sein Fahrrad mit dem Auto mitgeben, denn er wollte am nächsten Tag mit dem Bus nach Deutschland zurück fahren. Wie sich herausstellte, waren die Marktgräflerinnen ausgerechnet die beiden Frauen um die fünfzig, die ich an meinem (und ihrem) ersten Tag mit ihren Trekkingrädern, Satteltaschen und Camping-Geschirr auf der Puerto del Perdón überholt und für mich als „Hausmuttis" belächelt hatte. Nun gut, Hochmut kommt vor dem Fall, dachte ich mir, denn wie sich herausstellte, hatten die beiden mich für ähnlich bescheuert gehalten wie ich sie, weil ich ja zu dem Zeitpunkt noch mit meiner Fahrradtasche unter dem Arm durch die Gegend fuhr... Zum Glück konnten wir nun gemeinsam darüber lachen.

Als wir uns fürs Abendessen verabredet hatten, ging ich erstmal „Frust-Shoppen", was normalerweise gar nicht so meine Art ist. Diesmal fand ich es allerdings wirklich wohltuend, nach zwei Wochen endlich wieder frische Klamotten anzuziehen, die ich gerade eingekauft hatte (denn wenn man ehrlich ist, sind mehrfach mit Flüssigwaschmittel aus der Tube gewaschene Klamotten irgendwann auch nicht mehr so prickelnd...)

Aber wegen meiner Halsschmerzen war ich wirklich frustriert. Den anderen war es gelungen, so lange erfolgreich auf mich einzureden, dass ich mich in die Ambulanz ins Krankenhaus begab, damit die mir was gegen meine Halsschmerzen verordnen konnten. Ich fand zwar, dass sich Krankenhaus immer sehr dramatisch anhört, aber so etwas wie Hausärzte schien es in Spanien nicht zu geben (oder die Pensionswirtin, die ich gefragt hatte, hatte nicht verstanden was ich suchte). So fuhr ich also – mit meinen Shopping-Tüten bewaffnet – im Bus zum Krankenhaus und fragte mich auf Spanisch durch zur Ambulanz (was nicht so einfach war). Zwar musste ich gefühlt stundenlang warten, dafür bekam ich glaube ich die beste Anamnese die ich je gehabt hatte – sie maß sogar Fieber (das ich nicht hatte)! Im Nachhinein war es aber auch der teuerste Arztbesuch den ich je hatte, denn nach etwa zwei Monaten erhielt ich eine Rechnung über stolze 270 Euro...

Zum Abendessen trafen wir uns in ganz großer Besetzung (wir waren mittlerweile auf eine Gruppe von acht deutschen Radlern angewachsen) in der Altstadt und bestellten ein ganz tolles Fischmenü. Und dann wurde es wehmütig, denn für Albert und Ursula hieß es „Time to say good-bye". Um 22 Uhr fuhr ihr Bus oder Zug sie zurück nach St. Jean-Pied-de-Port, wo sie am Anfang ihres *Caminos* ihr Auto hatten stehen lassen...

Fr. 08.06.2007: Santiago – Finisterre

Diese Nacht schlief ich etwas besser als die davor, allerdings musste ich immer noch ziemlich stark husten. Deswegen war ich auch schon um sieben Uhr wach, und so machten Konstantin und ich uns gemütlich zu Fuß auf den Weg zum Busbahnhof. Mein Radl durfte ich zum Glück im Schuppen in der Herberge lassen, so dass ich „nur" meinen Rucksack und drei Taschen (inkl. einer mit Frust-Einkäufen) hatte, von denen ich zwei im Schließfach im Busbahnhof lassen konnte.

Wie immer nahmen wir das Frühstück (*café con leche* mit Croissant) unterwegs ein. Am Busbahnhof[26] gab ich Konstantin eine dicke Umarmung – obwohl wir so verschieden waren, waren wir uns über die letzte Woche doch irgendwie ans Herz gewachsen. Nun fuhr er in 1 ½ Tagen Busfahrt wieder nach Deutschland zurück, darauf hätte ich irgendwie keine Lust gehabt.

Mein Ursprungsplan war gewesen, aus eigener Kraft und mit dem Fahrrad von Santiago aus bis nach Finisterre ans Ende der Welt, zu fahren, denn nichts anderes heißt Finis terrae. Zumindest galt es – vor der Entdeckung Amerikas – als das westliche Ende der europäischen Welt. In Anbetracht meines Erkältungszustands verzichtete ich jedoch lieber darauf. Obwohl ich vor meinem Urlaub bei meiner intensiven Internet-Suche keine Informationen dazu gefunden hatte, gab es tatsächlich Busse, die sogar mehrmals täglich vom Busbahnhof aus dorthin fuhren...

Mein Bus hatte etwa 15 Minuten Verspätung, aber auf der Fahrt begegnete ich der Marburger Radreisegruppe vom ersten Tag, die mit dem Gepäcktransport und der Original-Fußpilgerstrecke. Weil wir uns so nett unterhielten, luden sie mich am Ziel in Finisterre spontan auf einen Kuchen und Kaffee ein – gegenüber der Bushaltestelle gab es eine tolle Bar. Beeindruckt hatte mich übrigens dort, dass der Wirt schnell noch in eine benachbarte Bäckerei sprang um noch einen

---

[26] In Spanien ist der Omnibus das übliche überregionale Verkehrsmittel, Bahnverbindungen haben dort untergeordnete Bedeutung.

weiteren Kuchen herbei zu zaubern, weil der eine, den er vorrätig hatte, nicht für die ganze Gruppe reichte.

Leider war jedoch schon während der gesamten Hinfahrt die Strecke an der Küste entlang komplett im Nebel versunken und so konnte man auch vom Ort Finisterre selbst nicht viel sehen. Vor Ort deckte ich mich mit Käse, Brot, Serrano-Schinken und *Empanada*[27] ein und lief los – ich muss ein ziemlich lustiges Bild abgegeben haben, mit meinem Picknick in der Plastiktüte in der Hand und Apostelbereifung an den Füßen. Am Ortsausgang von Finisterre entdeckte ich (was ich zu dem Zeitpunkt schon lange nicht mehr gesehen hatte) einen Stein als Pilgerweg-Markierung und Wegweiser: Noch 2,7 Kilometer bis zum Ende der Welt!

Die Strecke war eine einfach zu gehende Asphaltstraße mit nur leichter Steigung (123 Meter über vier Kilometer). Doch auch dort war es immer noch sehr neblig, so dass ich den Weg als recht ereignis- und eindruckslos wahrnahm. Zumindest, wenn man Eindrücke auf das Sichtbare reduziert. Denn im Nachhinein fiel mir ein Phänomen auf, das ich seitdem auch schon zu anderen Gelegenheiten wahrnehmen konnte: Die extreme Ruhe und Stille, die der Nebel bot. So, als ob mich der Nebel in Watte eingepackt hätte!

Abgesehen davon fand ich es interessant, wie anders sich so ein Pilgerweg als Fußgänger anfühlte (wobei ich normalerweise besser geeignetes Schuhwerk angehabt hätte). Von dieser Langsamkeit konnte ich auf jeden Fall noch etwas lernen...

Da es immer noch sehr neblig war, vermutete ich, dass es nicht mehr weit bis zum *Faro* (Leuchtturm) war, als einige Zeit später ein kleiner Fußpfad nach rechts in eine steinige Ginster- und Blumenlandschaft führte. Dort setzte ich mich zum Tagebuch schreiben auf einen großen Stein, was etwas länger dauerte, da ich in den letzten Tagen wenig Gelegenheit hatte zum Schreiben.

---

[27] Typisch spanische Teigtasche, meist gefüllt mit einer Mischung aus Tunfisch, Tomaten und Zwiebel

Während der ganzen Zeit konnte ich nur das Vogelgezwitscher bzw. Möwengeschrei und das Nebelhorn des Leuchtturms hören und gelegentlich etwas Wellenrauschen. Mir kam in den Kopf, dass ich mir noch nie Gedanken darüber gemacht hatte, was ein Leuchtturm macht, wenn sein Licht nicht zu sehen ist... Hieß er dann Lärmturm? Oder Hör-Turm? Ich machte ein paar Fotos von mir, der Landschaft und dem Nebel und aß meine Schinken- und Käsebrote. Währenddessen probierte ich mich wieder mit den Bestellungen beim Universum, und bestellte mir Sonnenschein und keinen Nebel mehr, wenn ich vorne an dem *Faro* ankommen würde.

Immer noch auf meinem Fels sitzend, widmete ich mich einem weiteren Pilger-Ritual: Dem Verbrennen eines Kleidungsstückes, was als Symbol für das „Ablegen des alten Ichs" gilt. Ich entschied mich für meine Trecking-Hose, die nach etlichen Rucksack-Urlauben mittlerweile nicht nur ziemlich fadenscheinig geworden war, sondern auf dem Camino auch noch unerträglich dreckig. Dazu war der große Fels, perfekt geeignet. Allerdings war – was ich nicht bedacht hatte – der Kunstfaser-Anteil in der Hose so hoch, dass ich zunächst ziemliche Schwierigkeiten hatte, die Hose überhaupt zu entzünden. Als es mir endlich gelang, blieb anstatt Asche regelrecht ein Häufchen geschmolzenes Plastik zurück. Das hatte schon etwas Absurdes!

Auf dem Weg zurück zur Autostraße entsorgte ich den Plastikhaufen ordnungsgemäß in einem Mülleimer und dachte mir, wenn ich schon niemanden hätte, der mit mir bis ans (sprich-)wörtliche Ende der Welt ging, ich zumindest beim nächsten Mal, wenn ich den Jakobsweg ginge, mit jemandem zusammen bis zum Ende der Welt gehen wollte. Dann wollte ich dort auch Tauchen. Denn dass ich wiederkommen würde, hatte ich unterwegs schon längst beschlossen... Alternativ wollte ich jemanden am Ende der Welt kennenlernen...

Immer noch im Nebel ging ich hinüber zum *Faro*, allerdings schien sich langsam aber sicher die Sonne durchzukämpfen. Als ich in der Nähe des Leuchtturmes ein Foto von der Statue eines Bronze-Schuhs (die ich schon aus meinem Reiseführer kannte) machen wollte, musste ich mir die Ohren zuhalten, denn die Statue stand direkt neben dem Ausgang vom Nebelhorn, das immer noch fröhlich tönte.

Ich wanderte ein wenig rund um den Leuchtturm bzw. kletterte dort ein wenig über die Felsen, als mich wieder mal die Wehmut überkam – alle anderen schienen zu zweit hierhergekommen zu sein... Dennoch musste ich plötzlich laut loslachen, als ich mich umdrehte und auf der anderen Seite der Meeresbucht durch den Nebel ein Stück Ufer blitzen sah: Erstens weil ich begeistert war zu sehen, wie schnell (nämlich in immerhin nur etwa zwei Stunden) die Wünsche an das Universum in Erfüllung gehen. Und zweitens hatte ich nun – nachdem sich der Nebel lichtete – doch noch neue Perspektiven und Horizonte, die sich mir eröffneten. Insgeheim dachte ich jedoch noch, dass es vielleicht mit Teil zwei meines Wunsches auch klappen würde, wenn ich nur lange genug Zeit hier verbrächte. Seltsamerweise fiel mir auf, dass ich an dem Tag eigentlich ziemlich häufig an Rainer gedacht hatte, ihn quasi vermisst hatte. Und das, wo ich ihn am Cruz de Ferro eigentlich hatte abschießen wollen. Was ich in dem Moment gerade gar nicht so einordnen konnte.

Aber nun, wo die Sicht endlich frei war, entdeckte ich, wie hübsch es eigentlich am Cabo Finisterre beim Leuchtturm war. Außerdem war der Hör-Turm mittlerweile auch wieder ein Leuchtturm geworden. Da war sie wieder, meine Faszination für Leuchttürme. Sogar hinein gehen konnte man, es war dort ein Restaurant beherbergt. Dort stellte ich zu meiner Überraschung wieder einmal fest, wie klein die Welt doch ist – oben am „Punkt Null" des Caminos traf ich auf zwei alte Bekannte, Mark und Klaus, die die 128 Kilometer aus Santiago tatsächlich in einem Tag mit dem Fahrrad hergefahren waren.

Wir wechselten ein paar Worte, anschließend machte ich mich wieder zu Fuß auf den Weg zurück in den Ort. Da es bereits nach 16 Uhr war, hieß das, dass ich den letzten Bus zurück nach Santiago ohnehin nicht mehr erwischte. Das bedeutete, dass ich mal wieder eine Unterkunft suchen musste. Zwei Pilger oben am Leuchtturm hatten mir von einer Pilgerherberge direkt neben der Bushaltestelle erzählt, die ich bei der Ankunft aufgrund des Nebels gar nicht gesehen hatte.

Burnout – Vom Jakobsweg zurück ins Leben

Leider durfte ich dort weder übernachten noch bekam ich eine Urkunde „vom Ende der Welt" weil ich die letzte Etappe nach Finisterre nicht mit dem Fahrrad zurückgelegt hatte. Dabei hatte ich es mir bestimmt nicht ausgesucht, krank zu sein. Immerhin bekam ich zum Abschluss meines Pilgerausweises noch einen Stempel – ein schwacher Trost...

Die anschließende weitere Suche nach Unterkünften gestaltete sich schwieriger als gedacht – es gab damals nämlich nicht besonders viele. Die meisten von ihnen waren entweder weit außerhalb gelegen oder ziemlich teuer. Deshalb landete ich am Ende doch wieder bei der ersten, bei der ich gefragt hatte: Das Hotel war zwar weder besonders toll, noch ein wirkliches Schnäppchen, aber dafür lag es direkt an dem kleinen Strand gegenüber der Burg. Ein Strandhotel auf dem Jakobsweg, wer hätte das gedacht... Zum Abendessen ging ich hinunter zum Hafenplatz, wo sich ein Restaurant ans andere drängte und wo ich mich mit Mark und Klaus verabredet hatte. Anschließend ging ich noch kurz in ein Internet-Café und schrieb vor dem Castello (die Burgruine, die ich von meinem Zimmerfenster aus sehen konnte) ein paar Postkarten.

Sa. 09.06.2007: Finisterre – Santiago

"Auf jedes Ende folgt wieder ein Anfang, auf jedes Äußerste folgt eine Wiederkehr." (Lü Bu We)[iv]

Die Nacht war ziemlich laut und schlaflos. Zum einen war im Restaurant unterhalb meines Zimmers noch Lärm bis ungefähr 2 Uhr, außerdem musste ich wieder ziemlich viel husten. Aber immerhin konnte ich dann doch bis um 7.30 Uhr schlafen. Ich ging hinunter zum Strand und genoss die interessante Stimmung: Es war neblig und gleichzeitig sonnig.

Frühstück nahm ich in der Bar mit dem deutsch sprechenden Wirt ein, in der ich am Vortag schon den Kaffee und Kuchen konsumiert hatte. Leider war meine Wäsche, die ich gestern gewaschen hatte, immer noch nicht zu 100 % trocken, aber ich hoffte, dass dies in der Stunde bis zur Rückfahrt nach Santiago passieren würde. Um mir die Zeit zu vertreiben, lief ich noch ein wenig durch den Ort. Als ich eine Telefonzelle sah, rief ich aus einem inneren Bedürfnis heraus Rainer an – es war ein schönes Gespräch.

Als ich dann für die Rückfahrt in den Bus stieg, gab es noch ein wenig Chaos – zu viele Menschen (hauptsächlich Pilgerer bzw. Touristen) wollten mitfahren. Damit alle mitfahren konnten, mussten alle noch einmal aussteigen und in einen anderen Bus wieder einsteigen. Der war dafür sogar auch eine Direktverbindung, denn eigentlich war laut Fahrplan eine Umsteigeverbindung geplant.

Sogleich begannen schon die Konversationen: In der Reihe vor mir erzählte jemand, er wäre neun Wochen auf dem Jakobsweg unterwegs gewesen. Auf meine mehr höflich gemeinte Frage, ob er sich auf zu Hause freuen würde, erhielt ich keine Antwort. Stattdessen machte er ein eher nachdenkliches Gesicht. Wir kamen ins Gespräch, aber bereits die nächsten drei Sätze – über verrückt sein, glücklich sein und Schein und Sein – gipfelten in der Feststellung: „Lieber verrückt und glücklich als normal und unglücklich". Warum auch immer mich dieser Satz berührte – wieder einmal war ich am Weinen. Das schien bei mir anscheinend gerade ein Dauerzustand zu sein und war mir in Gegenwart der vielen Menschen unangenehm.

Der „Verrückte", so stellte sich der Typ aus der Reihe vor mir vor, nahm wortlos über die Rückenlehne seines Sitzes meine Hand und drückte sie. Das tat mir unendlich gut, denn es lag so viel Verständnis, Zuversicht und Liebe darin wie ich es selten von jemandem empfunden habe. Erst recht nicht von einem komplett Unbekannten.

Ziemlich kurz darauf tauschten er und mein Sitznachbar die Plätze, so dass wir uns die ganzen zwei Stunden Busfahrt unterhalten konnten – so als ob wir uns schon ewig kennen würden. Komisch, der Urlaub war für uns beide in Finisterre quasi beendet (seine letzten fünf Stunden und meine letzten dreißig Stunden) – und jetzt passierte so etwas! Bei der Ankunft in Santiago war ich komplett zerrissen. Denn einerseits wollte ich die Verabredung mit Guido und Winfried einhalten, meinen ersten Gefährten auf diesem Weg. Anderseits war das Dilemma, dass ich gleichzeitig nicht von Peter (so hieß der „Verrückte") los kam. Es war, als ob da jemand einen Magneten eingestellt hätte und das beruhte auf Gegenseitigkeit.

Ob er die Antwort auf meine zweite Bestellung beim Universum war? Dieser Gedanke machte mir wiederum Angst – vielleicht sollte ich meine Wünsche zukünftig auf überschaubarere Dinge beschränken? Oder präziser formulieren, denn braune Augen und Raucher passten normalerweise so gar nicht in mein „Beuteschema"... Allerdings sagte er genau die Sätze, die ich mir im Herzen gewünscht hatte zu hören „zusammen nach Finisterre gehen" und „wiederkommen". Ich musste mich sehr beherrschen, um ihm das nicht zu sagen. Dabei tat es mir so gut, verstanden und wertgeschätzt zu werden, gesagt zu bekommen: „Du bist wichtig".

Zwar war es einerseits schön, in jedem dritten Wort mit „Engelchen" angeredet zu werden, aber gleichzeitig war es mir auch alles zu viel – zu schnell – zu nah für meinen „hanseatisches Bedürfnis nach Sicherheitsabstand". Und überhaupt war ich völlig verwirrt, denn als Gesprächsthemen brachte er Sicherheiten und Planbarkeiten auf den Tisch. Erstaunlich, was er mir alles ansah, das in mir vorging...

Am Busterminal von Santiago holte ich noch schnell mein eingelagertes Gepäck aus dem Schließfach, anschließend setzten Peter und ich uns noch in ein Café in der Innenstadt in die Mittagssonne. Während er mir die Füße massierte („Wie ironisch", dachte ich, „eigentlich ist er doch gelaufen und ich bin diejenige die sonst Fußreflexzonenmassagen macht"), „zwang" mich Peter mehr oder weniger, ihn zum Flughafen zu begleiten, denn sein Rückflug war schon am selben Nachmittag. Ich hatte dazu eigentlich wenig Lust, was ich ihm auch sagte, denn für mich bedeutete die Fahrt zum Flughafen mehr oder weniger immer Urlaubsende. Und ich hatte ja noch einen Tag vor mir. Aber gut, wie sich später herausstellen sollte, hatte Peter öfters Schwierigkeiten, ein Nein zu akzeptieren... Darüber hinaus musste ich noch rechtzeitig zur Post – meine eingelagerte Fahrradtasche abholen. Ich wusste ja nun, dass am Samstag die Post um 14 Uhr zu macht, und ich musste ohnehin eine ganze Weile suchen, bis ich den richtigen Ort fand.

Nach dem chaotischen Abschied von Peter am Flughafen traf ich mich – wie zuvor per SMS vereinbart – mit Guido und Winfried in der Innenstadt. Ich freute mich für Winfried, dass er doch noch seine Compostela bekommen hatte, obwohl er nach ca. 3.000 Kilometern, die er aus Norddeutschland gefahren war, etwa 100 Kilometer vor dem Ziel wegen seiner Magen-Darm-Geschichte hatte aufgeben müssen. Nach dem Abendessen holte ich noch schnell meinen Drahtesel aus dem Schuppen meiner Pension von vorgestern und weil die beiden Herren darauf bestanden, mir bei dessen gepäcktauglicher Zerlegung zu helfen, ließ ich sie gerne gewähren.

So. 10.06.2007: Santiago – München

Mein letzter Tag in Spanien begann zum Glück wieder mit einem gemeinsamen Frühstück mit Winfried und Guido. Entgegen meiner sonstigen Urlaubs-Sparsamkeit beschloss ich, später für den Weg zum Flughafen lieber um 14 Uhr ein Taxi zu nehmen als um 12.10 Uhr den Bus. So blieb nach dem Abschied von Guido und Winfried noch etwas Zeit, um noch ein wenig in der Altstadt Souvenirs einzukaufen.

Als ich mir jedoch in dem Café, in dem ich anschließend saß, ziemlich alleine vorkam, war mir mal wieder zum Weinen zumute. Allerdings waren dort so viele Leute um mich herum als dass ich hätte weinen können und so entschloss ich mich lieber auch noch einmal in den Pilgergottesdienst in die Kathedrale zu gehen. Zum Glück hatte die singende Nonne vom Donnerstag auch heute wieder Dienst – ihr Gesang bot einfach eine tolle Stimmung zum Heulen. Ich dachte, dass es immer noch besser sei, zum Weinen in die Kirche zu gehen als die Leute, die zum Lachen in den Keller gehen... Unwillkürlich musste ich noch einmal an die Begegnung mit Peter denken, der mich schon enorm verwirrt hatte. Als ob er den Gedanken empfangen hatte, erhielt ich, als ich aus der Kirche kam, eine SMS-Benachrichtigung über einen verpassten Anruf von ihm...

Zum Urlaubsabschied trank ich noch einen frisch gepressten Orangensaft in der Stadt in der Sonne, anschließend ging ich zurück zum Hotel, zog mich um und packte fertig. Aufs Taxi musste ich auch nicht lange warten und die Fahrt dauerte auch nur 15 Minuten. Zum Glück war am Check-in auch noch nichts los. Anschließend setzte ich mich noch zum Picknicken in das Wartehäuschen vom Linienbus in die Sonne und wünschte mir vom Universum für den Rückflug die Erleuchtung...

Während der ganzen Zeit im Flugzeug fühlte ich mich komisch – ich kannte diesen Zustand nicht und konnte ihn nicht einordnen. Ich wusste immer noch nicht, was ich von der Begegnung mit Peter halten sollte – er verwirrte und verunsicherte mich. Außerdem machte ich mir Gedanken, wie ich vom Flughafen nach Hause kommen sollte, denn außer meinen letzten fünf Euro für die S-Bahnfahrkarte hatte ich nicht mehr viel Bargeld zur Verfügung. Nachdem der Weiterflug nach München aufgrund von Unwettern in Nordspanien und eingeschränkten Lufträumen Verspätung hatte, dachte ich nur noch, dass dies ja genau das sei, was man so braucht, wenn man eigentlich nur noch nach Hause will. Ansonsten bekam ich von dem Flug gar nicht so viel mit, weil ich so kaputt war, dass ich ihn fast komplett verschlief. Die von mir erwartete Erleuchtung bekam ich natürlich auch im Traum nicht, außer dass mir die Frage auftauchte, ob die Ausbildung zum Heilpraktiker überhaupt MEIN Weg ist...

In München am Gepäckband war ich froh, wieder daheim zu sein. Das Fahrrad war auch mitgekommen und sogar weitestgehend unversehrt. Rainer wartete auf mich, und ich freute mich sogar ihn zu sehen, obwohl es schon ein komisches Gefühl war, später neben ihm einzuschlafen. Im Traum nahm ich ihn mit nach Finisterre...

Gedanken im Juni 2007: München, Camino-Epilog

So gut hatte ich schon lange nicht mehr geschlafen... Zum ersten Mal seit einer Woche war sogar auch meine Stimme wieder da, wenn diese auch noch nicht so richtig stabil war. Mein gesunder Menschenverstand riet mir, dass ich mit Halsschmerzen und den Kortison-Präparaten, die ich in Santiago im Krankenhaus verordnet bekommen hatte, jedenfalls nicht in die Arbeit zu gehen brauchte. Deshalb ließ ich mich erstmal für zwei Tage krankschreiben und konnte so den „freien" Tag zum Sortieren nutzen – von Wäsche, Fotos und Gedanken...

Nachmittags erhielt ich drei Anrufe von Peter aus Nordrhein-Westfalen. Er verwirrte mich, und ich wurde aus ihm nicht schlau. Auch am Dienstag rief er wieder mehrmals an. Darüber hinaus machte mir zu schaffen, dass mir immer noch wie auch auf dem Camino weitere Erkenntnisse und Impulse kamen. Impulse, die mehr Fragen aufbrachten als Antworten. Einer davon war der Gedanke, dass ich mit dem geplant-organisierten Ausstieg von der Controller-Arbeitswelt, den ich vorhatte, und dem Neubeginn als Heilpraktiker genauso weiter machte wie bisher.

Burnout – Vom Jakobsweg zurück ins Leben

Ich plante und suchte nach Sicherheiten und Bodenhaftung. Konnte mich das auf Dauer glücklich machen? Oder folgte ich nur wieder irgendwelchen anderen Irrwegen? Alleine die Tatsache, dass mir immer noch neue Gedanken kamen, machte mich fertig.

In einer Regenpause kam ich einer Empfehlung von Peter nach – ich „unterhielt" mich in dem nahegelegenen Park mit einem Baum. Eigentlich wollte ich eine Kiefer (die nach dem keltischen Baumhoroskop „mein" Baum ist), aber mitten in der Stadt in der Nähe meiner Wohnung gab es anscheinend keine. Abgesehen davon kam ich mir ziemlich blöd dabei vor, irgendwo in einem Park zu stehen und einen Baum zu umarmen. Der erste, den ich „traf", war eine kleine noch jugendliche Linde, die mir den Impuls gab, dass ich mich nicht für etwas rechtfertigen müsste, was zwar seltsam aber nicht verboten sei. Das hatte ich zwar gerade nicht gefragt, passte aber zumindest auf meinen vorhergehenden Gedanken. Als es anfing zu regnen und zu donnern, ging ich weiter und sah eine schöne Blutbuche, die mir noch nie zuvor aufgefallen war. Als ich sie umarmte, fühlte sie sich gut an. Sie gab mir Kraft und ließ mich Kraft und die frische Luft spüren – es sollte der Beginn einer langen Freundschaft werden.... Erst viel später stellte ich fest, dass sie offensichtlich ein sehr bewegtes Leben gehabt hatte, wie mir die vielen Narben in der Rinde und einen mit Beton unterstütztes Wurzelwerk zeigen. Und trotzdem hatte sie eine tolle Ausstrahlung und stand mit ihrer Anmut da!

Nachmittags folgten noch unzählige Anrufe von Peter, die mich alle mehr verwirrten als beruhigten. Einmal sagte er so, beim nächsten Mal etwas anderes, bis er sich schließlich abends um 22 Uhr endlich entschloss, eine Entscheidung zu treffen: Am Wochenende wollte er nach München kommen. Was mich in eine Zwickmühle versetzte: Wie sollte ich Rainer das beibringen?

Der erste Arbeitstag nach meiner Krankschreibung verlief zwar vergleichsweise schonend, aber ich hatte relativ lange den Eindruck, „im falschen Film" zu sein und brauchte ziemlich lange, um mir klarzuwerden, ob und wie ich in diese sehr durchgetaktete Organisation hineingehörte. Wenn ich ehrlich bin – je länger ich darüber nachdachte – desto weniger hatte ich das Gefühl, dort hinein zu gehören, nach den ganzen Gedanken und Impulsen, die mir auf dem Jakobsweg ins Hirn gepurzelt waren. Ich fühlte mich geradezu „überfahren" von der Hektik und von der Art und Weise, wie Menschen dort miteinander umgingen. So konnte und wollte nicht mehr ein Leben „auf der Überholspur" führen. Wie ich dies und andere Erkenntnisse vom Camino in mein „altes" Umfeld integrieren sollte war mir jedoch zu diesem Zeitpunkt noch nicht ganz klar.

Auf dem Weg zur Mittagspause suchte ich unter Platanen Schutz vor dem Nieselregen und fühlte mich dabei gleich an das Wetter in Spanien erinnert. Spontan traf mich der Gedanke, dass es doch irgendwie möglich sein müsste, wenn schon nicht die Erlebnisse, dann doch zumindest die Erkenntnisse in den Alltag zu integrieren. Der Weg zurück ins Leben – wenn mich bloß nicht der Alltag so schnell wieder überholen würde…

Als ich abends in meiner Heilpraktikerschule in meinem Ernährungsberatungskurs saß, war ich allerdings genauso wenig sicher, im richtigen Film zu sein. Hatte ich denn überhaupt den gleichen Idealismus wie unser Dozent? Anscheinend musste ich wirklich anfangen zu lernen, mich im Kleinen von Vergleichen und Mithaltenwollen mit anderen Personen zu lösen. Es stellte sich mir die berechtige Frage, ob die Heilpraktiker-Ausbildung und der geplante Ausstieg aus meinem gutbezahlten Job überhaupt das Richtige für mich seien. Oder folgte ich wieder nur den (Irr-) Wegen und Zielen anderer (zum Beispiel denen von Rainer)? Ich beschloss, über diese Frage noch mal in Ruhe nachzudenken…

Abends erhielt ich eine SMS von Guido: *„Treffe anstehende Entscheidungen aus dem Bauch heraus + möglichst schnell – grübeln bringt nichts"*. Na prima, demnach hatte meine Entscheidung zugunsten von Rainer schon getroffen – im Traum! Peter brachte mir einfach zu viel Unruhe und Unbekanntes in mein Leben. Wenn nur der Magnet zwischen uns nicht so stark wäre…

So war ich am Ende der dreitägigen ersten Arbeitswoche nach dem Camino froh, diese irgendwie überlebt zu haben. Es machte mir zu schaffen – nicht nur bezüglich meiner Arbeit, sondern auch hinsichtlich meiner Beziehung – die ganze Zeit das Gefühl zu haben, im falschen Film zu sitzen. Irgendwie fühlte ich mich ziemlich deplatziert und aufgewühlt. Wie ein See, dessen Grund ich gerade nicht sehen konnte.

Leider war das darauf folgende Wochenende auch nicht wirklich entspannt, denn zum einen hatte ich schon seit Monaten Karten für eine Vorstellung von Caveman, in die ich mit Rainer und einer Freundin gehen wollte. Zum anderen kam Peter tatsächlich nach München – und weil er doch extra meinetwegen die lange Strecke aus dem Ruhrgebiet gefahren war, hatte ich das Gefühl, mich um ihn kümmern zu müssen. So war ich die ganzen Zeit nur dabei, von einer Verabredung mit einer Person zur nächsten zu hetzen und jedem irgendwelche Märchen zu erzählen. Ich fand die ganze Schwindelei ziemlich belastend, wobei ich allerdings mindestens genauso schockiert davon war, wie „einfach" es letztendlich ging.

Zumindest am Sonntag musste ich mich nicht zweiteilen, denn den verbrachte ich spazieren gehender Weise mit Peter in dem kleinen Wäldchen an meiner Rennrad-Strecke. Auf einem Hochsitz saßen wir ziemlich lange und quatschten. Ich war immer noch verwirrt – eigentlich mehr als je zuvor, seit ich Peter kannte. Verwirrt war ich vor allem darüber, dass er die Dinge, die mir gerade durch den Kopf gingen, nicht nur aussprach, sondern sie auch besser formulierte als ich es je hätte selbst tun können. Dabei irritierte mich insbesondere, dass er mit einer fast schon als Arroganz zu bezeichnenden Sicherheit behauptete, über mich meditiert zu haben und zu einigen ziemlich knackigen Erkenntnissen über mich und mein Leben gekommen zu sein. Leider musste ich ihm, zumindest in manchen Punkten Recht geben, wenn auch nur in meinem tiefsten Inneren, denn laut zugeben würde ich das natürlich nie.

Dennoch beschloss ich, über seine „Erkenntnisse über mich und mein Leben" später einmal in Ruhe nachzudenken, und darüber, inwieweit ich hohe (evtl. zu hohe?) Ansprüche an das Leben, meine Umwelt und mich selbst hätte und mir dadurch häufig selbst im Wege stehen würde.

Außerdem fragte er mich, ob ich als Kind bedingungslose Liebe erfahren hätte – oder ob es nur darum ging, einen Grund zum stolz sein zu bieten oder Anerkennung zurückzugeben oder so zu sein, wie es von mir erwartet wurde.... Interessanter Aspekt, den ich so noch nie gesehen hatte. Jedenfalls gipfelte die Unterhaltung in den Erkenntnissen: Bedingungslose Liebe hieße nichts zu erwarten (rückblickend würde ich heute noch ergänzen: im Sinne von fordern/brauchen) und dass mit Erwartungen an den anderen die Bedingungslosigkeit immer schon aufhört.

Mittlerweile ist mir übrigens auch klar geworden, dass mit Erwartungen nicht nur die Bedingungslosigkeit aufhört, sondern man jeder wie auch immer geartete Beziehung dadurch von vornherein eine ziemliche Verantwortung aufbürdet. Vor allem bei „frischen" Beziehungen ist die Gefahr dabei groß, dass diese bereits im Keim durch die Last der Erwartungen erdrückt oder erstickt wird.

Wobei ich bis zu diesem Zeitpunkt mit dem Wort Liebe immer sehr sparsam umgegangen war. Zu groß erschien mir die Bedeutung dessen, was damit umschrieben ist. Und noch nie zuvor hatte ich mir wirklich Gedanken darum gemacht, was sich wirklich dahinter verbirgt und vor allem, wie sich so etwas tatsächlich „anfühlen" konnte.

Und so war ich in der darauf folgenden Woche weiter voll innerer Zerrissenheit – einerseits hatte ich immer noch das Gefühl, nicht mehr in meinen Alltag hinein zu gehören. Zum anderen fühlte ich mich immer noch hin- und hergerissen zwischen den beiden Männern, und sah mittlerweile in jedem seine gewisse Qualität: Einerseits die Stabilität und Bodenhaftung von Rainer, andererseits das Verrückte, Abgehobene von Peter. Dennoch merkte ich, dass es auf Dauer mich und meine Nerven zerreißen würde, diese innere Spannung zwischen den Polen auszuhalten.

Burnout – Vom Jakobsweg zurück ins Leben

Und so war Rainer ziemlich überrascht, als ich ihm – nachdem die letzten 1 ½ Wochen nach dem Urlaub interessanterweise deutlich schöner und entspannter als die Zeit vor dem Urlaub liefen – sagte, dass mein Herz „woanders knistern" würde. Gleichzeitig war natürlich seine Akzeptanz dessen deutlich schmerzhafter für mich, weil mir dadurch klar geworden ist, dass er mich wirklich geliebt hat und sich diese Liebe durch sein Loslassen oder Gehenlassen ausdrückt.

Umso besonderer war es für mich, als er mich fragte, ob ich an einem keltischen Mittsommer-Ritual teilnehmen wollte, was er für den darauf folgenden Abend geplant hatte. Weil ich noch nie an so etwas teilgenommen hatte und natürlich sehr neugierig darauf war, aber auch vor allem, weil er mir natürlich trotzdem noch sehr wichtig war, wollte ich das natürlich sehr gern. Und so war es ein wirklich schöner Abend im Englischen Garten am Wasserfall in der Nähe des Tee-Hauses, inmitten von Ahorn- und Nadelbäumen bei Kerzenschein und mit den vier Elementen Feuer (die Kerze), Wasser (der Wasserfall), Erde, Luft.

Und abgesehen davon, dass dauernd irgendwelche halbbesoffenen Gestalten aus irgendwelchen dunklen Ecken herauskamen, war es nicht nur ein Mittsommer- sondern vor allem auch unser spezielles und sehr würdiges Abschieds-Ritual für unsere Beziehung. Und trotz alledem kamen mir natürlich immer wieder mal Zweifel, ob es richtig war, eine „stabile Größe" in meinem Leben gegen eine „konfuse Variable" auszutauschen...

Die Etappen NACH dem Jakobsweg

Nun war ich also wieder zurück. Was mir der Jakobsweg gebracht hatte, konnte ich mir zunächst selbst nicht beantworten, aber zumindest war fürs Erste mal meine unerklärliche Sehnsucht gestillt. Nach was mich tatsächlich dürstete, würde sich hoffentlich noch herausstellen.

Zumindest hatte ich nun erfolgreich geschafft, was mich vorher mit Respekt erfüllt hatte. Die Hunderte von Kilometern mit dem Rad zu fahren, war ja eigentlich weniger das Problem gewesen. Aber ich, die eigentlich bisher immer bemüht gewesen war, das Alleinsein zu vermeiden (egal, ob im Urlaub oder im Alltag), hatte mich auf das Abenteuer eingelassen, einen Großteil der Zeit mit mir alleine zu verbringen. Hatte mich auf meine Gedanken konzentrieren und mich so ganz auf sie einlassen können, anstatt mich wie sonst mit anderen Menschen und mehr oder weniger banalen Unterhaltungen zu umgeben.

Na gut, dazu hatte ich eine Woche gebraucht, bis mir das gelungen war, aber zum einen war das vermutlich normal (und manchen Menschen gelang es auch gar nicht) und was noch besser war: Ich hatte es am Schluss sogar genießen können! Das Radfahren war dafür anscheinend nur die „Darreichungsform" gewesen, in der ich dies am besten hatte erfahren können. Er-Fahren im besten Sinne...

Aber ursprünglich hatte ich im Urlaub für mich etwas anderes machen wollen. Ich hatte mehrere Sachen klären wollen, nämlich wie es mit mehreren Aspekten weiter gehen sollte in meinem Leben: mit dem Job und mit Rainer und ob und wie es weiterging mit der Heilpraktiker Ausbildung. Oder hatte ich sie womöglich nur wegen Rainer gemacht?

Am einfachsten war zumindest letzteres zu klären: Ja, ich wollte weiter machen. Es interessierte mich, ich lernte immer wieder was Neues, ich durfte endlich wieder mein Gehirn neu verschalten. Und ja, ich konnte mir auch vorstellen, in dem Bereich zu arbeiten. Allerdings fand ich, dass ich dafür dann nur noch etwas besser zuhören lernen müsste, anstatt gleich munter drauflos zu reden.

Die Etappen NACH dem Jakobsweg

Der Verrückte aus dem Ruhrgebiet

Tja, und ab dem Zeitpunkt war ich mit Peter zusammen – mit allen Höhen und Tiefen, die es so mit sich bringt, wenn zwei völlig verschiedene Charaktere aus komplett verschiedenen Dunstkreisen aufeinander treffen (ich Akademikerin, er selbständiger Handwerker). Mein wöchentlicher Terminplan war mit einer (auf dem Papier) 40-Stunden- und in der Praxis dann doch eher 45-Stunden-Woche ohnehin schon hinreichend bestückt, daneben besuchte ich zusätzlich samstags noch die Heilpraktiker-Ausbildung, zu der neben dem Besuch des Unterrichts auch noch zumindest mal die Nachbereitung der Mitschriften erforderlich war. Natürlich entschlackte sich die ganze Situation auch durch die etwa dreiwöchentlichen Fahrten nach Nordrhein-Westfalen nicht wirklich.

Wie sich erst später herausstellte, war Peter nicht nur ein sehr extremer Mensch, er war außerdem noch Exalkoholiker (sofern es in diesem Zusammenhang so etwas wie „Ex" gibt) und hatte darüber hinaus noch ein weiteres Suchtproblem. Dass er permanent zwischen den Extremen „Ich liebe Dich über alles und will Dich am liebsten immer um mich haben" und bei leisester Kritik „Wer nicht für mich ist, ist gegen mich und deshalb mache ich jetzt Schluss" hin- und her schwankte, wusste ich zum Glück zu dem Zeitpunkt nicht, sonst hätte ich mich vermutlich gar nicht auf ihn eingelassen.

Denn anfangs faszinierte Peter mich noch. Er erzählte mir was von Akzeptanz, Erwartungen, Leben und davon, dass ich, wenn ich nichts erwartete, alles erreichen könnte. Damit hebelte er irgendwie meine Gehirnwindungen aus – denn wie das funktionieren sollte, passte nicht in mein logisches Denken. Mit solchen oder ähnlich paradoxen (An-)Sätzen überforderte er mich völlig. Aber immerhin verhalf mir seine eigenwillige Denkweise dazu, mir eine neue „Ist-doch-alles-halb-so-wild"-Einstellung zuzulegen, was mir in den folgenden Wochen half, den „ganz normalen Wahnsinn" im Büro leichter zu ertragen...

Darüber hinaus sorgte die Begegnung mit Peter dafür, dass ich zum ersten Mal in meinem Leben stolze Besitzerin einer BahnCard wurde und den nationalen Veranstalter von schienengeführten Abenteuerreisen von nun an öfter nutzte. Dadurch ging das zweite Halbjahr 2007 in der Arbeit auch einigermaßen ertragbar vorüber. Außerdem hatte mich die Heilpraktiker Ausbildung richtiggehend gepackt.

Fürs neue Jahr 2008 hatte ich mir vorgenommen, die zehn Jahre bei meinem Arbeitgeber (die ich benötigte, um einen Betriebs-Rentenanspruch zu erlangen) voll zu machen und mich bis dahin nicht stressen zu lassen. Außerdem plante ich, mich mit einer Abfindung „gehen lassen". „Nebenbei" – sofern man das so nennen konnte – wollte ich auch weiterhin mit Vollgas die Heilpraktiker-Ausbildung betreiben. Ungeduldig wie ich nun einmal war, hatte ich mir als Kür vorgenommen, die Heilpraktiker-Prüfung schon im Herbst 2008 zu bestehen. Getreu dem Motto: Ich habe nichts zu verlieren außer ein paar hundert Euro Prüfungsgebühr, aber ich kann ein halbes Jahr an Zeit gewinnen.

Natürlich kam es aber zunächst einmal ganz anders, denn bereits der Beginn des Jahres 2008 war in der Arbeit geprägt von einem sehr hohen Kostendruck und einer entsprechend stark ausgeprägten Ellenbogen-Mentalität. Aufgrund der Wirtschaftskrise wurde es natürlich auch im übrigen Verlauf des Jahres kaum besser: Jeder schoss auf jeden zu Lasten der anderen, anstatt gemeinsam das „große Ziel" (das beispielsweise sein könnte, kostengünstig tolle Autos zu bauen) zu verfolgen. Das mit dem „nicht stressen lassen" funktionierte also nicht wirklich.

Peter zuliebe – und wenn ich ehrlich bin, auch deshalb, weil ich eine Chance sah, um aus meiner unliebsamen Arbeitsstelle aussteigen zu können – hatte ich mich auf ein paar Stellen im Ruhrgebiet beworben, hauptsächlich im Einkauf und/oder Controlling in größeren Industrieunternehmen. Ich fand mich in den Bewerbungsgesprächen häufiger mit der Fragestellung konfrontiert, wie denn so meine Gehaltsvorstellung sei, und weil diese quasi immer höher war als das entsprechende Budget für die jeweiligen Stellen, wurde dann lapidar die Aussage getroffen, dass ja im Ruhrgebiet auch die Lebenshaltungskosten niedriger seien, als in München.

Allerdings nicht nur die Lebenshaltungskosten, sondern für mein Empfinden auch die Lebensqualität. Denn als ich im März mal zwei Wochen kurz hintereinander bei Peter war, wurde ich beide Male relativ plötzlich von heftigen Anfällen von Depression inklusive mittelstarker Heulattacken überfallen. Was in Anbetracht seiner Wohnung – in denen noch mindestens ein Jahrzehnt Erinnerung an seine Ex-Frau und der zerbrochene Traum von der heilen Familie hing – in Kombination mit der überdies ziemlich trostlosen Aussicht auf das noch trostlosere Werk eines Stahlproduzenten (das mit Sicherheit auch schon bessere Zeiten gesehen hatte) auch nicht wirklich verwunderlich war. Letztendlich waren aber die Umgebung und das triste, matschige Märzwetter sicherlich nur ein Punkt, der seinen Beitrag zu meinem Stimmungstief leistete.

Ausschlaggebend war sicherlich primär auch meine unzufriedenstellende Gesamtsituation: Angefangen bei der Arbeit (mit einem durch zwei durch mich zu bearbeitende Vorstandsvorlagen entsprechenden Arbeitsumfang) bis hin zur Heilpraktiker-Ausbildung, die mich zwar für sich betrachtet sehr begeisterte, die aber in Summe mit mittlerweile acht Stunden Unterricht pro Woche zuzüglich Nachbereitung auch kein kleines Päckchen war.

Immerhin stellte ich nach ein paar Monaten des Ausprobierens fest, dass es – nachdem ich früher regelmäßig freitags bis um 17 Uhr oder länger im Büro verbracht hatte – durchaus möglich war, genauso regelmäßig schon um 14.30 Uhr zu gehen, damit ich meinen Heilpraktiker-Unterricht besuchen konnte und so den Samstag für Peter frei hätte. Wobei ich schon zugeben muss, dass ich anfangs immer ein ziemlich schlechtes Gewissen hatte, mich mit einem kurzen „Ich muss jetzt weg" oder „Ich hab noch einen Termin" als Erste aus dem Büro zu verabschieden…

Natürlich ist es, im Nachhinein betrachtet, ziemlicher Quatsch, ein schlechtes Gewissen zu haben wenn ich am Freitagnachmittag früher ging. Denn eigentlich hatte ich doch meine vertraglich festgelegte Arbeitszeit schon am Donnerstag abgeleistet… Was jedoch ziemlich belastend hinzukam, war dann doch die regelmäßige Pendelei nach

Nordrhein-Westfalen (insofern war das mit dem „freien" Samstag also relativ) bei gleichzeitig viel zu wenig Schlaf und quasi keinem Sport. Es war kein wirklich ausgewogener Lebenswandel, den ich da trieb.

Daneben „schlug" ich mich noch mit vielen offenen und teilweise substanziellen Fragestellungen herum: hinsichtlich der Heilpraktiker-Ausbildung, einem potenziellen Umzug nach Nordrhein-Westfalen und der Fortsetzung (oder auch nicht) meines Arbeitsverhältnisses. Wie ich erkennen musste, waren allerdings die Fragen, die mir mein Körper in Form von Symptomen aufdrängte, mit Sicherheit die substanziellsten. Denn die Signale, wie die seit Monaten wiederholt auffälligen PAP-Abstriche[28] und die sich regelmäßig wiederholenden Fast-Burnout-Zustände, wurden immer lauter und ich konnte sie langsam wirklich nicht mehr ignorieren.

Also machte ich einen Aktionsplan, der Gespräche in mehrere Richtungen erforderte. Wobei es noch am einfachsten war, Peter von der Notwendigkeit zu überzeugen, dass es doch langsam an der Zeit wäre, sich eine neue Wohnung zu suchen. Die anderen Aktionen betrafen mich selbst und waren zum Teil viel schwieriger... Zum Beispiel die Einsicht, der Empfehlung meiner Werksärztin zu folgen (die mir speziell zum Thema Burnout empfohlen worden war), die mich davon zu überzeugen versuchte, dass mir eine Psycho- oder Verhaltenstherapie weiterhelfen könnte. Ich war doch kein verrückter „Psycho" mit einer schwierigen Kindheit oder sonstigen Problemen und Zeit für so ein Gelaber hatte ich eigentlich auch nicht...

Genauso schwierig war für mich die Entscheidung, meiner Gesundheit zuliebe meinen (übertariflichen) 40-Stunden-Vertrag gegen eine handelsübliche IG-Metall-35-Stunden-Woche einzutauschen. Ein Sakrileg in meinem Unternehmen! Denn die Nachfrage nach 40 Stunden-Verträgen überstieg das Angebot im Unternehmen bei Weitem und ich

---

[28] Gynäkologischer Zellabstrich zur Früherkennung von Zellveränderungen, die Ausgangsbasis für Gebärmutterhalskrebs sein können. Zum Glück waren meine Ergebnisse nach Einleiten diverser Maßnahmen wieder dann in Ordnung.

wollte freiwillig darauf verzichten? Es war gar nicht so einfach, dies meinem Chef und vor allem meiner zuständigen Personalerin zu vermitteln... Immerhin einigten wir uns (ich glaube zur Beruhigung aller, inklusive mir selbst) auf das Hintertürchen, diese Rücknahme zunächst auf sechs Monate zu befristen. Somit hätten wir alle noch die Chance, wieder zum Altbekannten zurückzugehen.

All das brachte zwar eine vorübergehende Verbesserung meines Wohlbefindens und meiner Stimmung im Hinblick auf meine Arbeit. Die Beziehung zwischen Peter und mir schwankte allerdings nach wie vor sehr extrem. Unser Umgang miteinander wechselte sehr digital und mit hoher Frequenz. Einerseits war es total innig und schön und wir sprachen sogar übers Heiraten, dann wieder gab es Phasen totaler Eifersucht seinerseits in Kombination mit völliger Gereiztheit meinerseits.

Das Paradoxe daran war, je verrückter und unkonventioneller er sich verhielt (was mich anfangs fasziniert hatte, was aber mittlerweile vor allem dann der Fall war, wenn wir nicht alleine oder im Urlaub waren), desto normaler und „vernünftiger" verhielt ich mich. Erst viel später erkannte ich, dass dies Co-abhängige Verhaltensmuster in der Beziehung zu einem Abhängigen waren.

Unter der Woche führten wir jeden Abend etwa zwei Stunden lange Telefongespräche. Das hatten wir quasi bereits seit Beginn unserer Beziehung so gemacht, allerdings waren es mittlerweile weniger Telefon-"gespräche" sondern eher stundenlange Diskussionen. Die sich leider wochenlang ohne jeglichen inhaltlichen Fortschritt hinzogen, was mich emotional völlig auslaugte.

Denn immerhin hatte ich mich nun doch noch zur Heilpraktiker-Prüfung im Herbst angemeldet, daher fand ich es zweckmäßiger, auch für diese zu lernen anstatt zu diskutieren. So konnte es also nicht weitergehen zwischen uns, sonst ginge ich nervlich vor die Hunde. Gleichzeitig stießen aber die vorgeschlagenen Maßnahmen (Drogen- oder Paartherapie) bei Peter auf völligen Widerstand, daher sah ich mich dann im August aus purem Selbsterhaltungstrieb heraus dazu veranlasst, mich von ihm zu trennen.

Was das Fass bei mir zum Überlaufen gebracht hatte, war Peters vorgebrachte – und völlig aus der Luft gegriffene – Vermutung, ich hätte ja wohl einen anderen. Er konnte oder wollte mir nicht glauben, dass ich für die Prüfung lernen wollte… Im Rahmen eines geführten Spazierganges an der Isar löste ich mich – ähnlich wie dem Ritual am Cruz de Ferro – mit dem Werfen eines Steines von dieser belastenden Beziehung. Anschließend war es, als ob mir im Sinne des Wortes ein riesiger Stein vom Herzen gefallen war und ich kam mir vor, als ob ich nun mit gelöster Handbremse fahren würde – endlich wieder Zeit für Sozialkontakte, Sport und natürlich zur Prüfungsvorbereitung!

Die Etappen NACH dem Jakobsweg

Von Prüfungen & der Schule des Lebens

Überhaupt beschrieb ich damals diese letzten paar Monate der Prüfungsvorbereitung für die Heilpraktiker-Prüfung als „die härteste Schule des Lebens". Zum Glück wusste ich damals nicht, was sonst noch alles passieren würde. Jedenfalls lernte ich zu dieser Zeit nicht nur – neben meiner normalen Arbeitszeit – enorme Mengen an schulmedizinischem Fachwissen, ich erkannte auch, dass ich andere Menschen (in diesem Fall Peter) nicht zu ihrem Glück zwingen konnte und sie deshalb so nehmen musste wie sie sind. Beziehungsweise in diesem Fall (los-)lassen.

Für mich neu war, einen Großteil der Lernzeit auf meinem Balkon zu verbringen, denn sonst hatte ich ja meistens meinen Urlaub oder auch nur ein langes Wochenende irgendwo in der Ferne verbracht. Auch ging ich neuerdings häufig – mit Lernkärtchen bewaffnet – in meinem nahegelegenen Park spazieren, den ich, obwohl ich dort in der Gegend schon seit fast drei Jahren wohnte, kaum kannte.

Außerdem lernte ich dann mitten in meiner Lernphase für die schriftliche Heilpraktiker-Prüfung Mario kennen. Eigentlich mehr zufällig und aus Neugier waren wir beide auf einer Veranstaltung gelandet, von einer Art wie ich noch nie vorher auf einer gewesen war – getreu dem Motto: Wer neue Ziele erreichen will, muss neue Wege gehen".

Und so wandelten wir als ein Teil der Übung dieser Veranstaltung gemeinsam an der Isar entlang und kamen über unser gemeinsames Hobby Tauchen ins Gespräch. Dass er Coach ist, und mir im Laufe der Zeit allerhand praktische Tipps gab, die es mir erlaubten, mein gelerntes Wissen länger als nur von heute bis morgen in meinem Hirn zu behalten, machten ihn für mich umso interessanter. Außerdem brachte er es durch seine gezielt-provokativen (allerdings teilweise für mich auch ziemlich unbequemen Fragen) anscheinend zustande, ein paar neue Hirnwindungen bei mir zugänglich zu machen, so dass ich einige für mich völlig neue Verhaltensmuster ausprobierte.

So zum Beispiel verbrachte ich aufgrund der Lernerei – und auch weil mich mein dauerschmerzhaftes Knie von ablenkenden, sportlichen Aktivitäten abhielt – quasi erstmalig in meinem Leben extrem viel Zeit mit mir selbst. Mit dem überraschenden Ergebnis, dass ich plötzlich keine Angst mehr hatte, mit mir alleine zu sein und mich mit mir, meinen Gedanken und meinen vermeintlichen Schwächen auseinandersetzen zu müssen – ganz anders als noch zwei Jahre zuvor, als ich meinen Sommer-Urlaub auf einmal alleine verbringen sollte.

Ich stellte fest, dass ich – indem ich mich mit mir selbst anfreundete – auf einmal auch andere Menschen nicht mehr brauchte, um mich von mir selbst abzulenken. Stattdessen erkannte ich, dass sie mir eher als Herausforderung dienten und mir mit ihren Denkanstößen halfen, mich selbst zu hinterfragen.

Nicht nur das – darüber hinaus probierte ich entgegen meinem alten Muster „Erst die Arbeit [Lernen], dann das Vergnügen" auch mal aus, mir auch schon während meiner Lernanfälle mal etwas Gutes zu gönnen, wie zum Beispiel einen Friseurbesuch. Oder ich ging mit meinen ganzen Unterlagen in die Sauna, um mich zwischen den Gängen auf dem heißen Stein damit zu befassen. Ein Konzept, das sich zumindest für mich bestätigt hatte.

Die Tage direkt vor der schriftlichen Prüfung war ich dann allerdings irgendwie komplett ferngesteuert. Zum Endspurt hatte ich mir Urlaub von der Arbeit genommen, was auch gut war, denn ich hatte aufgrund der Nervosität und Anspannung allerhand vegetative Symptome wie Übelkeit und Zittern, die eine Anwesenheit im Büro völlig unmöglich gemacht hätten. Zitterfreies Stehen ging gar nicht, aber zum Glück konnte ich zur Prüfungsvorbereitung wenigstens noch einigermaßen lesbar schreiben und die Antworten auf den Fragebögen ankreuzen[29].

Immerhin war es zum Glück sonnig und warm, so dass ich mich zum Lernen wieder auf den Balkon setzen konnte – mit Blick auf den orange-gefärbten Ahornbaum vor meinem Balkon und einer Horde Marienkäfer, die sich anscheinend in der Jahreszeit geirrt hatten (wir hatten mittlerweile Oktober!). Wenn das mal kein Glück bringt,

---

[29] Bei der schriftlichen Heilpraktiker-Prüfung handelt es sich um eine spezielle Art von Multiple Choice-Fragen, so dass wenig Schreiben erforderlich war.

zusammen mit den Engeln, die Mario mir schicken wollte und den ganzen gedrückten Daumen meiner Freunde...

Passenderweise lautete der Spruch auf meinem Sprüche-Karten-Set vom Camino, den ich zog: *Kein Ereignis hat die Macht über Dich, außer der, die Du ihm gibst.* Interessanter Gedanke – selbst wenn ich nicht bestehen sollte, so wäre das kein Weltuntergang, denn ich hätte ja nichts verloren. Und so war ich froh, dass mein Kumpel Roland am Abend vor der Prüfung noch auf einen Rotwein vorbeikommen wollte, so konnte ich wenigstens ruhig und gut schlafen...

Die Stunden direkt nach meiner schriftlichen Prüfung verbrachte ich mit ein paar Mitschülerinnen aus der Heilpraktiker-Schule. Diese waren wissenstechnisch nach meiner Einschätzung zwar viel fitter als ich, aber (was typisch für Situationen nach Prüfungen ist) gingen sie wie ein paar verrückter Hühner noch mal alle Fragen durch um herauszukommen, ob sie sie richtig beantwortet hätten. Je mehr Diskussionen es gab, umso nervöser wurden sie – und umso genervter wurde ich. Zum Glück kam am späten Nachmittag nach der Veröffentlichung der vorläufigen Ergebnisse im Internet heraus, dass ich zwar nicht übermäßig glorreich, aber doch relativ souverän bestanden hatte. Es fiel mir schwer zu glauben – und darüber freuen konnte ich mich erst nach einem schönen etwa zweieinhalbstündigen Spaziergang an der herbstlichen Isar...

In den darauf folgenden Wochen und Monaten kam ich mir immer deutlicher so vor, als ob ich mich zwischen zwei Welten befinden würde, wie in dem gleichnamigen, spanischen Lied von den *Heroes del Silencio*. In die „alte" Welt, die meines Arbeitsplatzes, die des Kopfes, des Rationalen, des Denkens und irgendwie auch des Kämpfens, passte ich irgendwie nicht mehr hinein. In die „neue" Welt, die des Fühlens, des Bauchgefühls und des Seins, aber irgendwie auch nicht. Noch nicht? Für den klar entschiedenen Schritt dorthin fehlte mir zum einen der Mut und zum anderen sprach der Verstand dagegen. Zum ersten Mal nahm ich ganz klar das Gefühl der Angst wahr, das bekannte Terrain zu verlassen und mich auf etwas Neues, Unbekanntes einzulassen...

Burnout – Vom Jakobsweg zurück ins Leben

Während dieser Zeit kam mir öfters der bildhafte Gedanke, dass wer nicht nur nach den Sternen greifen will, sondern sie auch vom Himmel holen will, halt irgendwann mal den sicheren Boden unter den Füßen aufgeben muss. Oder der muss entweder wachsen oder fliegen, um sich mehr oder weniger mühevoll auf den steinigen Pfad zum Gipfel begeben. Von dort aus –einem höheren Standpunkt – ließe sich dann sicher auch der Weg ins „Neue" besser erkennen...

Wie bereits nach den intensiven Lernphasen im Studium fiel ich nach der schriftlichen Prüfung erst einmal in ein zwei- bis dreiwöchiges Motivationsloch. Wobei das Wort nur zum Teil zutraf, denn ich konnte mich zu vielem motivieren nur nicht zum Lernen. Immerhin buchte ich mir in der Zeit einen Urlaub für Dezember, damit ich mich – je nach Ergebnis der mündlichen Prüfung – entweder belohnen oder trösten konnte.

Außerdem nahm ich in der Zeit bei einem Lebensplan-Seminar teil mit der Trainerin, die ich im August kennengelernt hatte, mit der Folge, dass ich mir im Anschluss daran einen iPod kaufte und eine CD mit Powermusik. Obwohl ich bis zu dem Zeitpunkt nie auf die Idee gekommen wäre, dass man Musik dazu nutzen könnte, um seine Stimmung und Motivation zu erhöhen, stellte ich fest, dass es bei mir hervorragend klappte.

Und so motivierte (und lernte) ich mich auch durch die mündlich-praktische Prüfung. Diese fand an einem Mittwoch statt, und wie schon bei der Schriftlichen hatte ich mir an diesem Tag sowie auch schon einen Tag zuvor freigenommen um zu lernen. Noch am Montag schwatzte ich mit einem Kollegen in der Mittagspause ein wenig blöd daher, ich würde mir für die nächsten zwei Tage gutes Wetter (beim Universum) bestellen, denn ich hätte frei – in Anbetracht der mittelschlechten Wettervorhersage eher eine mutige Bestellung. Umso erstaunter war ich dann am folgenden Tag, als ich lernender Weise und bei Sonnenstrahlen durch meinen nahegelegenen Park spazierte. Was mich zu dem Gedanken brachte, dass wenn das mit dem Bestellen so einfach wäre, ich mir ja vielleicht auch eine Prüfungsfrage „wünschen" könnte – und bestellte mir die Frage nach dem dicken Knie, die ich am

Vorabend im Prüfungsvorbereitungskurs noch einwandfrei gewusst hatte.

Als ich am nächsten Vormittag beim Amtsarzt im Büro saß, muss ich wohl ziemlich verdattert geschaut haben, als gleich die erste Frage genau die von mir bestellte war. Ich war so verblüfft und irritiert, dass es „so einfach gehen kann", dass ich voll auf dem Schlauch stand. Im Nachhinein bin ich sehr dankbar für die nette Heilpraktiker-Beisitzerin, die mit ihrer Frage nach den Infektionskrankheiten (der Schrecken jedes Prüfungsanwärters, der auch mir das Herz in die Hose purzeln ließ) nur die letzte noch fehlende Antwort aus mir „herausprüfen" wollte. Und so fiel es mir diesmal deutlich leichter zu glauben, dass ich auf Anhieb bestanden hatte, und fuhr gut gelaunt und hoch motiviert wieder heim.

Die interessiert gemeinte Frage von Mario „Was hast Du denn demnächst so vor?" beantwortete ich mit einem spontanen „Das ganze Leben!". Woher diese Antwort in mein Hirn und auf meine Zunge purzelte, ist mir bis heute ein Rätsel... Aber Danke, Mario, für die Inspiration...

Dass ich von meinen sonstigen Jahres-Anfangs-Vorhaben sonst nichts umsetzte, brauche ich an der Stelle nicht weiter zu erwähnen...

Von neuen Wegen in alten Schuhen

2009 änderte sich in meinem Umfeld eigentlich nicht viel. Zwar wechselte ich innerhalb der Abteilung in die benachbarte Gruppe, so dass die neue Aufgabe nicht mehr mit ganz so viel Lauferei verbunden war. An meinem Arbeitspensum und vor allem an meinem Abteilungsleiter änderte das aber zunächst einmal nichts. Interessanterweise wurde der jedoch allerdings drei Monate später „wegorganisiert", kurz nachdem ich ihm im Rahmen eines Mut-Anfalls sagte, dass er mir gegenüber bitte in manchen Aspekten seine Wortwahl ändern möge. Denn ich hatte mir seine häufig nur so daher gesagten Floskeln viel zu sehr zu Herzen genommen und fühlte mich durch diese deshalb ziemlich verletzt. Zum Glück entsprach er in der Folgezeit bis zur Umorganisation netterweise auch meiner Bitte...

Außerdem las ich – dank der Lektüre der Prophezeiungen von Celestine[v] – über Zufälle & Kontroll-Dramen, was ich zum Anlass nahm, in meinem gewohnten beruflichen und privaten Umfeld neue Dinge und Verhaltensmuster auszuprobieren. Eine Übung, die ich sehr übrigens sehr empfehlen kann. Denn es ist extrem spannend zu beobachten, wie die Leute reagieren, wenn man anders agiert, reagiert oder kommuniziert, als sie es von einem gewohnt sind beziehungsweise es in einem gewissen Kontext üblich ist. Zum Beispiel als ich in einem kontroversen Gespräch mit einem Kollegen ihm nicht wie normalerweise gleich meinen entgegengesetzten Standpunkt entgegen schmetterte, sondern sagte, ich könnte seinen Standpunkt aus seiner Sicht zwar nachvollziehen, allerdings wäre es mein Rolle, für die ich bezahlt würde, eine andere Position einzunehmen.

Darüber hinaus probierte ich auch neue Sichtweisen aus – und begann, die Welt mit anderen Augen zusehen, nämlich mit den Augen eines Kindes. Für Kinder bietet die Welt noch so viel Wunder-Bares – jede Blume, jeder Grashalm, jeder Baum bietet einen Anlass dazu – dass sie aus dem Staunen nicht heraus kommen. Ich fand, dass dadurch mein Alltag um Vieles bereichert wurde.

Die Etappen NACH dem Jakobsweg

Außerdem betrachtete ich mein Arbeitsumfeld nun als Sozial-Zoo (was für mich heißt, anstatt im normalen Zoo Tiere zu beobachten, anderen Menschen zuzuschauen) – ideal jedenfalls geeignet, um soziale Studien zu machen... Daneben verzichtete ich ab dem Zeitpunkt darauf, anders als viele andere Menschen, mein Gehalt als Schmerzensgeld zu bezeichnen. Denn alleine mit dem Wort assoziierte ich naturgemäß automatisch Schmerzen. Stattdessen begann ich, meinen monatlichen Geldeingang als Gage zu betrachteten, denn das klang viel mehr nach Applaus und Unterhaltung. Noch später gelang ich übrigens zu der Auffassung, dass es doch eigentlich sogar toll war, für das Theater, dass ich im Büro jeden Tag geboten bekam, auch noch bezahlt zu werden...

Allerdings war es für mich eine ziemlich schmerzhafte Erkenntnis, dass ich mir anscheinend einen Großteil meines Stresses in den letzten Jahren, der mich in den Burnout getrieben hatte, selbst verursacht hatte – mit meinen eigenen, anscheinend überzogenen Ansprüchen. Das fand ich heraus, indem ich ausprobierte, natürlich schrittweise, wie viele Menschen sich denn wirklichen beschwerten, wenn ich denn einmal weniger tat und die Dinge weniger penibel tat als früher.

Zwar blieb ich dadurch mit meinen Leistungen unter meinen eigenen Ansprüchen, aber beschwert haben sich de facto nur Wenige. Und die paar, die es (in einem Zeitraum der folgenden etwa zwei Jahre) taten, waren nicht meine Chefs, sondern eher Menschen der Kategorie, die ohnehin nie mit etwas zufrieden waren. Somit hatte es dann wenig Einfluss auf meine jährliche Leistungsbeurteilung.

Eine weitere für mich überraschende Begebenheit erlebte ich, als ein Kollege aus einer benachbarten Abteilung, mit dem ich sehr viel zu tun hatte, mich mit seinen flapsig-arroganten Sprüchen so dermaßen auf die Palme brachte, dass ich ihm im Rahmen eines etwa zwanzig Dezibel zu lauten Wutanfalles (aber immerhin mit einigermaßen angemessener Wortwahl) meine Meinung geigte. Nachdem ungefähr das ganze Großraumbüro (seines, nicht meines!) an der von mir ungewohnten Meinungsäußerung teilhaben durfte, hatte ich erwartet, dass besagter Kollege böse auf mich sein würde oder sich bei meinem Chef beschweren würde. Das Gegenteil war der Fall: Wir kamen seitdem viel besser miteinander aus und unser Umgang war deutlich entspannter als je zuvor. Manche Türen waren eben doch leichter zu öffnen als sie scheinen, und nie hätte ich mir träumen lassen, dass ich genau diesen Kollegen jemals vermissen würde (was nach seinem Aufgabenwechsel etwa zwei Jahre später tatsächlich der Fall war...)

Auch hinsichtlich meiner nebenberuflichen Selbständigkeit tat sich etwas, wenngleich es auch nur kleine Schritte waren: Mit Hilfe von Mario erstellte ich meine erste eigene Website, mietete einen Tag in der Woche, am Sonntag, einen Praxisraum an, belegte weitere Kurse und behandelte erste Patienten. Zunächst im Selbstversuch fing ich an, erste Erkenntnisse und Erfahrungen mit dem Wissen aus meinem Pflanzenheilkunde-Kurs zu sammeln. Damals ärgerte ich mich ein wenig, dass ich – obwohl ich in einer Gärtner-Familie aufgewachsen war, wo dieses Wissen eigentlich vorhanden gewesen wäre – mir das Wissen nun teuer und zeitaufwendig aneignen musste. Bloß weil ich meinen Großeltern damals nicht hatte zuhören wollen oder mich zu wenig für sie interessiert hatte.

Dennoch war auch dies eine wertvolle Lernerfahrung: Denn ich lernte, dankbar zu sein für das, was ich hatte (auch wenn es Kleinigkeiten waren), anstatt über das zu hadern, was ich (vermeintlich) nicht hatte. Denn immerhin gehört ja auch ein gewisses Maß an Körperhygiene (wie beispielsweise Duschen und Zähneputzen) für die meisten von uns zu den täglichen Gewohnheiten, wieso sollte sich ein solches Ritual zur Psychohygiene nicht auch in den täglichen Alltag einbauen lassen? Immerhin stellte ich dadurch fest, dass ich viel zufriedener mit meinem Leben war als zuvor und fühlte mich ungemein belohnt.

Natürlich ging nicht nur alles glatt. Ich hatte im Laufe des Jahres auch diverse „Rückschläge" einzustecken. Denn zum einen arbeitete ich immer noch viel zu viel (mit entsprechenden körperlichen Begleiterscheinungen), zum anderen lernte ich auch, was die Bestellungen an das Universum betrifft, dass man aufpassen sollte was man bestellt. Oder zumindest deutlicher formulieren musste. Denn wenn man (wie ich es getan hatte) kurz vor Ostern jemanden zum Ostereier-Teilen bestellt, brauchte man nicht – wie ich es unterbewusst getan hatte – zu erwarten, den Mann fürs Leben zu bekommen...

Mit dem damaligen Rat meines Psychotherapeuten (den ich nach einigem Ringen mit mir selbst nach der Empfehlung meiner Werksärztin konsultierte): „Das Herz gibt die Richtung vor, der Kopf macht die Strategie dazu" konnte ich zu dem Zeitpunkt noch nichts anfangen... Dennoch sollte sich dieser Ausspruch später noch als ziemlich hilfreich erweisen.

Auch das Jahr 2010 ging mit einer ziemlichen Intensität weiter. Gleich Anfang des Jahres erlebte ich am eigenen Leib die Kraft der Visualisierung. Im Rahmen einer Veranstaltung erstellte ich eine Jahres-Collage, in der ich meine Wünsche und Vorstellungen für das neue Jahr zu Papier brachte. Einer davon war der Wunsch „weniger Arbeit, mehr Freizeit" – bereits nach etwa vier Wochen stellte ich erstaunt fest, wie wirksam so eine Collage anscheinend ist. Denn zum ersten Mal in über elf Jahren in der Firma empfand ich mehr als drei Wochen am Stück so etwas wie Langeweile... Aber vermutlich war dies auch nur auf die große Effizienz zurückzuführen, die ich entwickelt hatte, weil ich die Tätigkeit ja schon länger als vier Jahre ausübte.

Außerdem erfuhr ich in einem Gespräch mit meinen Vorgesetzten zum ersten Mal, um wie vieles klarer man (ich!) andere Dinge rüber bringen konnte, wenn ich keinen verbalen Eiertanz veranstaltete. Bereits früher hatte ich meinen Chef schon davon überzeugen wollen, dass ich meine vertragliche Arbeitszeit auf eine 4-Tage-Woche reduzieren wollte – mit der vorgeschobenen Begründung meiner Gesundheit. Wobei der wahre Grund eigentlich der Aufbau meiner nebenberuflichen Selbständigkeit und die Belegung von Fortbildungen war. Erst als ich dies klar und ehrlich äußerte, biss ich zum ersten Mal nicht auf Granit. Und so einigten wir uns dann ein paar Monate nach meiner Collage auf eine 30-Stunden-Woche (natürlich bei entsprechend reduziertem Gehalt).

Getreu dem Satz aus meinem Feldenkrais-Kurs, an dem ich teilnahm, „Nur wer eine Wahlmöglichkeit hat, ist wirklich frei" fing ich an, mir Wahlmöglichkeiten zu schaffen. Zum Beispiel auch, in dem ich mich bei anderen Unternehmen bewarb. Und so führte mich der Bewerbungsprozess zu einem Unternehmen im Schwäbischen aus der Naturmedizin-Branche, das ich in meinem Pflanzenheilkunde-Unterricht kennengelernt hatte. Denn auch wenn es sich nach wie vor um eine Wirtschaftsingenieur-nahe Tätigkeit handelte, hatte ich zumindest die Vorstellung, so meinem pflanzenheilkundlichen Familienhintergrund ein wenig näher zu kommen und somit den von mir empfundenen Spagat zwischen meinem Erst- und meinem Zweiberuf (oder der Kopf- und der Bauchwelt) ein wenig zu verkleinern.

Als ich allerdings zu einem Vorstellungsgespräch dorthin bzw. von dort wieder nach Hause fuhr, merkte ich, dass mich eine Menge Fragen beschäftigte. Wollte ich wirklich dorthin umziehen? Wollte ich nur wegen des neuen Jobs nicht nur mein privates wie berufliches Umfeld aufgeben, sondern auch meine Wohnung? Und meine gerade im Entstehen befindliche Selbständigkeit? Immerhin hatte ich in den letzten zehn Jahren in München ziemlich viel gewonnen: an Selbständigkeit, an Wohlstand, an (Lebens-) Erfahrung, an – guten wie schlechten – Vorbildern, an Freundschaften und Netzwerken. Zum Pendeln war die Distanz jedenfalls zu weit, und das bedeutete, wenn es mir mal schlecht ginge, dass ich nichts und niemanden Bekanntes in meinem Umfeld hätte, um mich aufzufangen.

Spannenderweise gelangte ich ein paar Wochen später, während der zweiten Bewerber-Runde, zu der Einsicht, dass es doch eigentlich ziemlich wunderbar sei, irgendwohin gehen zu können, wo einen niemand kannte. Denn dann hätte auch niemand ein Bild oder Erwartungen von einem, wie man zu sein hat, sondern ich könnte einfach so sein wie ich bin... Dankenswerterweise stellte mir Mario die Frage, warum ich denn das hier nicht auch könne. Es dauerte allerdings noch gut eineinhalb bis zwei Jahre, bis ich dazu eine Antwort finden würde...

Kurz darauf träumte ich allerdings eines nachts zum Thema meines ambivalenten Verhältnisses zu meinem Arbeitgeber eine spannende Szene, die mich damals ein wenig an eine Familienaufstellung erinnerte. Ich träumte, dass zwei Playmobil-Männchen eine Art Tauziehen machten, wobei ich die eine Figur war und mein Arbeitgeber die andere. Im Verlaufe des Traumes wurde deutlich, dass es immer für einen oder sogar beide Beteiligten ein schmerzhaftes (weil unerwartetes) Hintenüber- bzw. Zurückfallen wäre, wenn der jeweils andere das Tau einfach losließe. Gleichzeitig bekam ich das „Bild", dass dies nicht passieren würde, wenn die beiden Männchen das Tauzieh-Spiel beenden, langsam aufeinander zugingen, sich die Hände reichten und dann das Tau beiseitelegten. Auch wenn es mir in der Situation nicht wirklich weiter oder aus meinem Dilemma half, so schnell wie möglich ganz aus meiner Controlling-Tätigkeit herauszukommen, war es zumindest für den Moment eine tröstliche Perspektive.

Aus dem Job im Schwäbischen wurde nichts. Ob ich darüber nun froh oder traurig sein sollte, wusste ich irgendwie nicht so recht. Aber auch danach ging es noch weiter mit den Aufs und Abs des Lebens. Einer meiner Freunde meinte, bei mir würde ja dauernd etwas passieren – anscheinend empfand er seinen Alltag als tägliches Einerlei. Ich fand's gut, denn so wusste ich immerhin, dass ich noch am und im Leben bin...

Im Mai verbrachte ich zur Überraschung vieler (die mir nicht zugetraut hätten, dass ich so lange meine Klappe halten könnte) ein viertägiges Schweige-Seminar in einem Kloster. Neben meiner Faszination für Labyrinthe[vi], die dort geweckt wurde, erlebte ich dort, wie wohltuend es in einer von Reizen überfluteten Zeit wie der heutigen ist, sich zwischen all den Worten und Taten, die man tagtäglich so auslebt, auch einfach mal eine Pause zu machen. Umso nicht nur seinem ganzen Wirken besser einen Sinn geben zu können, sondern auch Zeit zu haben, um nachzuklingen. Wie ich in meinem ersten Blogbeitrag[vii] dazu sinnierte, auch die schönste Musik braucht Pausen, damit die Summe aller Töne und Noten nicht einfach nur Lärm ist. Getreu dem Lied der Gruppe Depeche Mode aus den 80ern: „Enjoy the silence".

Im Sommer nahm ich – nachdem mich mein Kumpel Mario hinreichend neugierig gemacht hatte – zum ersten Mal an einem seiner Feuerlauf-Seminare teil. Primär, um meine Grenzen zu testen und evtl. auch ein paar Glaubenssätze („so etwas geht doch physikalisch gar nicht") zu überwinden. Für neue Erfahrungen war ich ja ohnehin immer zu haben und ich wollte dadurch neue Synapsen im Hirn entwickeln. Vorher ging es allerdings zuerst noch ums Loslassen. Also übergab ich in dem folgenden Ritual mein Muster, dass ich mein Tun und meine Entscheidungen dauernd von anderen abhängig machte, dem Feuer. Was noch ganz einfach war. Durch das Anzünden und Brennen des Feuers erfuhr und erlebte ich, dass Feuer an sich neben den verbrennenden und zerstörerischen Eigenschaften, die ich bisher primär wahrgenommen hatte, außerdem noch nährend, wärmend (also Kraft spendend) und gemütlich sein kann, also gänzlich unterschiedliche Qualitäten.

Als dann der Kohleteppich lag und ich erfolgreich darüber gelaufen war, wurde mir dann klar, dass wenn man die eigenen Grenzen bewusst wahrnimmt und beachtet und mit dem Feuer respektvoll umgeht, Feuer sehr beflügelnd sein kann. Und selbst wenn man sich verbrennt, auch die Brandblasen gehen wieder vorbei…

Daneben belegte ich – mehr aus Neugier und weil ich fand, dass sich der Titel interessant anhörte – einen Kurs in Numerologie[30]. Vor dem Kurs konnte ich damit recht wenig anfangen und hielt es für einen ähnlichen Hokuspokus wie Astrologie. Jedenfalls bis ich dann in meinem Numeroskop ziemlich viele Gegebenheiten meines Lebens bestätigt sah. Aber immerhin fand ich so nun noch eine positive Anwendungsmöglichkeit für meine Leidenschaft zur Zahlenwelt, die ich ja bereits in meiner langjährigen Controller-Tätigkeit exzessiv auslebte. Denn die numerologische Lebensberatung konnte ich gut in meine Heilpraxis integrieren und dadurch den Menschen Hinweise bezüglich ihres Lebensweges und geeigneter beruflicher Tätigkeiten geben, anstatt sie mit den (beispielsweise Budget-) Zahlen zu quälen ☺

Darüber hinaus durfte ich im Jahr 2010 auch in Bezug auf Männer einige für mich ziemlich interessante neue Erfahrungen und Beobachtungen machen. Im Herbst wurde mir durch die Bekanntschaft eines Herren, der in mich zwar sehr verliebt war, aber ich leider über-

---

[30] Numerologie bedeutet *Zahlenkunde*.

haupt nicht in ihn, klar, dass das Resonanzprinzip leider auch im Negativen funktioniert – wenn ich wehleidig, erschöpft oder liebesbedürftig war, zog ich wehleidige, erschöpfte oder liebesbedürftige Menschen an. Indem ich wahrnahm, welche Art Menschen ich gerade anzog, überlegte ich, was ich gerade für eine Ausstrahlung hatte und ob ich das überhaupt sein wollte. Und kam für mich zu der Schlussfolgerung, dass ich eine Beziehung aus Mangel, Mitleid oder weil es gerade so schön bequem ist, ab sofort nicht mehr haben wollte.

Andererseits gab es in meinem Arbeitsalltag auch ein neues Highlight: Den super-netten, zuvorkommenden, charmanten und einfühlsamen jungen Kollegen, den ich für das nächste Dreivierteljahr im Büro als neuen Schreibtischnachbarn bekam: Gepflegtes Äußeres, dunkle Haare, strahlend blaue Augen, meistens lächelnd, allerdings sechs Jahre jünger als ich. Von dem Zeitpunkt an versüßte mir seine Anwesenheit den Arbeitstag. Es gibt doch unbestritten nichts Wohltuenderes, als morgens mit einem wertschätzenden, fröhlichen „Guten Morgen" begrüßt zu werden, selbst wenn der Arbeitstrubel und das Aufgabenfeld eigentlich eine andere Stimmungslage hätten vermuten lassen.

Darüber hinaus machte ich noch die Erfahrung, dass auf einmal in der Arbeit viele Dinge möglich waren, von denen ich die letzten zehn Jahre gedachte hatte „sie gingen doch nicht" oder "so etwas könne man nicht machen". Wie zum Beispiel vor der Arbeit noch zum Netzwerken zu gehen und somit erst gegen 9.30 Uhr im Büro zu erscheinen, anstatt wie sonst üblich zwischen 8 und 8.30 Uhr. Nicht, dass es zuvor etwa verboten gewesen wäre, aber die Möglichkeit, Dinge wie diese außerhalb des Üblichen zu tun, war mir in der Vergangenheit überhaupt nicht einmal ins Hirn gekommen. Und nun erlaubte ich es mir einfach, es zu tun (wobei ich der Fairheit halber sagen muss, dass diese Veränderung meiner Glaubenssätze sehr stark unterstützt wurde durch die mobilen Bürokommunikationsgeräte, wie mobile Telefone und Laptop, die wir mittlerweile im Büro zur Verfügung gestellt bekommen hatten).

Burnout – Vom Jakobsweg zurück ins Leben

Auch wenn ich bisher überwiegend Positives geschrieben hatte, 2010 war nicht nur Zuckerschlecken. Denn nachdem in den beiden Jahren davor jeweils meine beiden Großmütter gestorben waren, verstarb im Herbst ziemlich überraschend und plötzlich der jüngere Bruder meiner Mutter mit 66 Jahren an einem Herzinfarkt. Und obwohl wir Zeit meines Lebens eigentlich nie besonders viel Kontakt gehabt hatten, war ich überrascht, wie sehr mich dieses Ereignis getroffen hatte.

Ob es daran lag, dass 66 doch eigentlich noch nicht alt genug sei, um zu sterben (wann auch immer man dazu „alt genug" ist)? Vielleicht war es auch die Erkenntnis, dass es sich nicht um die „Großeltern-Generation" sondern um jemanden aus der „Eltern-Generation" handelte, was mir verdeutlichte, dass die Eltern doch nicht so unverwundbar und immer gegenwärtig sind, wie man es als Kind für selbstverständlich nimmt. Ich glaubte, dieses Jahr wirklich erwachsen werden...

Und so schloss ich kurz vor meinem einzigen Urlaub in dem Jahr selbiges beim Schreiben meiner Adventskarten mit dem Rückblick ab, dass ich das Gefühl hatte, in dem Jahr mit all seinen Höhen und Tiefen, die das Leben so mit sich bringt, „persönlich wie unternehmerisch sehr gewachsen" zu sein. Auch wenn neben dem ganzen Programm wie die Fortbildung, dem Umzug in die neue Praxis (worüber ich später noch mehr schreibe) und daraus resultierend den zwei Jobs für Urlaub und Männer nicht viel Zeit blieb. Interessanterweise kreuzten – kaum dass ich dies geschrieben hatte – auf einmal in den letzten fünf Wochen des Jahres doch noch drei Männer meinen Weg. Auch wenn sich nichts Näheres daraus ergeben hat, fand ich alleine schon die Wahlmöglichkeit und die Chance, zu der Erkenntnis zu kommen, schon ziemlich bereichernd.

Dazu ist noch erwähnenswert, dass ich die letzten etwa drei Wochen des Jahres im Ausland verbrachte, in einem – aus verschiedenen Gründen – sehr denkwürdigen Urlaub in Indien. Am harmlosesten war noch das Seminarzentrum in Kerala, in dem ich auch wohnen und essen konnte. Aufgrund des traumhaft angelegten Gartens und der tollen Lage direkt am Fluss war es eine echte Ruheoase inmitten des südindischen Verkehrs-Chaos. Ironischer Weise war der einzige aufheiternde Einrichtungsgegenstand in meinem einfach eingerichteten „Kämmerchen" neben einem Bett, einer Art Kleiderschrank und einem Schreibtisch mit Stuhl ein Poster: Mit dem auf mich zutreffenden Spruch: „*Success is a Journey, not a destination*"[31].

Außerhalb dieser Oase war der Indien-Urlaub eine ziemlich intensive Übung zum Thema "Komme, was wolle und wolle, was komme". Denn in diesem Land schienen mir sämtliche Busse, Verkehrsschilder und Speisekarten ausschließlich in Malayalam[32] beschriftet zu sein – die ich nun beim besten Willen nicht lesen konnte. Und so durfte ich darauf vertrauen (lernen), wo auch immer ich hinwollte, dass die Leute, die ich nach dem Weg fragte oder welcher Bus zu dem von mir gewünschten Ort fuhr, mich nicht aus Spaß in die Irre schickten (wie es gelegentlich vorkommt). Schwierige Übung für einen Kontrolletti wie mich... Ich muss zugeben, dass ich immer dahin gekommen bin, wo ich hin wollte, sogar (gefühlt) ohne Umwege.

---

[31] Erfolg ist kein Ziel, sondern eine Reise/ein Weg
[32] Eine der indischen Schriften; vermutlich gibt es verschiedene, die ich für meinen Teil aber nicht wirklich unterscheiden kann

Das Jahr mit den Frauen

Jetzt muss ich leider kurz zeitlich etwas zurückspringen. Denn Sie haben vermutlich schon gemerkt, dass mein Leben in so vielen parallelen Strängen verläuft, dass eine chronologische Darstellung ziemlich verwirrend wäre. So habe ich mich hier für die thematische Erzählung entschieden.

Eigentlich hatte ich mir schon für das Jahr 2009 vorgenommen, mich einmal mehr mit dem Thema Weiblichkeit auseinanderzusetzen. Denn, so dachte ich, der liebe Gott (so es ihn gibt) hatte mich nun mal in einen weiblichen Körper verpackt, und ich lebte – wie viele andere Frauen in der heutigen Zeit und im gegenwärtigen Business-Kontext – etwas ganz anderes. Angefangen mit der Zielstrebigkeit, mit der ich mein Ingenieurs-Studium absolviert hatte (dazu noch in einem überwiegend männlichen Umfeld), über meine Arbeit in einem gleichfalls sehr Männer-lastigem Ambiente hatte ich mehr oder weniger mein ganzes Leben lang versucht, „meinen Mann zu stehen" und vorwiegend männliche Verhaltensmuster an den Tag gelegt.

In die gleiche Kategorie fielen noch mein Ehrgeiz und das Bedürfnis (bzgl. den fast schon Zwang), immer „Mithalten" zu müssen, bis hin zu meinen Hobbys mit auch recht ehrgeizig-männlichem Umfeld (Mountainbiken und Rennradeln sind nun mal einfach nicht die typisch weiblichen Sportarten). Auch das „Kräftemessen" im Rahmen von Wettkampf- und Rennveranstaltungen, an denen ich gelegentlich teilgenommen hatte, sind ja eigentlich auch eher „Männerspielchen", von denen ich relativ stolz gewesen war, diese (gar nicht mal so schlecht) mitzuspielen. Kein Wunder, wenn in der heutigen Zeit die Brust- und Gebärmutterkrebs-Zahlen immer mehr zunehmen.

Und so war es – im Nachhinein gesehen – eine wunderbare Fügung, dass ich mich (zwar erst 2010, aber immerhin) in einem Kurs von ausschließlich Frauen wiederfand. Wobei das ganze eigentlich mit einem Einführungskurs begann, bei dem ich während einer Übung (gefühlt) einen halben Tag lang sprichwörtlich Rotz und Wasser geheult habe. Später habe ich dann herausgefunden, dass die CD[viii], welche die Übung begleitete, nur etwas über eine Stunde dauert.

Ich hatte gar nicht gewusst, dass es so viele Zustände des Seins gibt – angefangen bei Wut über tiefe Traurigkeit und totale Enge bis hin zu völliger Leere und mich übergeben und Walzer tanzen wollen – die sich alle innerhalb von einer Stunde zeigen können. Es ging mir während der Übung eine ganze Weile lang so richtig dreckig und am Ende wusste ich gar nicht mehr, ob ich vor Freude oder vor Traurigkeit heulte. Anscheinend hatte das Ganze eine reinigende Wirkung, denn am Schluss fühlte ich mich so leicht und voll Freude wie schon sehr lange nicht mehr.

Im Anschluss an den Kurs hatte ich mindestens eineinhalb Wochen das Gefühl, während der Arbeit durch das Büro „zu schweben". Was natürlich auch mein Umfeld bemerkte und mich mit Komplimenten quasi nur so überschüttete.

Im Rahmen dieses Frauenkurses – wobei es eigentlich eine ganze Kurs-Reihe war, die sich regelmäßig über ein Jahr verteilte – erfuhr ich zum ersten Mal in meinem Leben, dass eine größere Gruppe Frauen unter sich nicht zwangsläufig „Zickenalarm" bedeuten musste. Das hatte ich zumindest bisher in meiner Ausbildung und Arbeit bereits mehrfach erfahren, wenn mehr als drei Frauen in einer Abteilung waren. Stattdessen erfuhr ich auch einen starken Rückhalt in unseren Runden und eine spezielle Form der Verbundenheit bei gleichzeitiger Eigenständigkeit. Ein Paradoxon eigentlich, das aber – wie ich mittlerweile herausfand – nicht nur für unseren Frauenkreis, sondern auch in Beziehungen Gültigkeit hat.

Neben diversen Körper- und Atemübungen lernte ich auch die Zusammenhänge zwischen den Chakren[33] und den Körperdrüsen kennen. Aus schulmedizinischer bzw. wissenschaftlicher Sicht ist das mit den Energiezentren zwar bisher alles nicht nachgewiesen. Den-

---

[33] Auf Englisch heißt Chakra Centre of Power, was außer mit Energie-Zentrum auch mit Macht-Zentrum übersetzt werden könnte

noch verbesserte sich interessanterweise im gleichen Maße, wie ich für meine Kommunikation und meinen Ausdruck sorgte (für das das Kehlkopf-Chakra steht), auch meine Schilddrüsen-Unterfunktion.

Das tat ich übrigens ganz einfach, einerseits indem ich lautstark mit den Liedern meiner CD-Sammlung mitsang und andererseits indem ich mit dem Blog-Schreiben begann.

Jedenfalls hatte ich in dem Rahmen zum ersten Mal wirklich das Gefühl, so sein zu dürfen wie ich bin, mit all meinen Befindlichkeiten und Emotionen. Das war ein ganz großes Geschenk, denn dadurch konnte ich mir auch selber besser erlauben, ich selbst zu sein, ohne den Zwang (oder das, was ich dafür hielt), mich verbiegen zu müssen.

Es gelang mir zunehmend, die Erlebnisse und Erkenntnisse auch außerhalb der Kurse umzusetzen. Dadurch, dass ich mich verstärkt damit auseinander setzte, was ICH eigentlich wollte und wie ich mich mit den mich betreffenden Aussagen und Handlungen anderer fühlte, gelang es mir überhaupt erst, wieder in Kontakt mir selbst zu kommen. Und in dem zunehmenden Maße, wie ich mir auch im Alltag erlaubte, meine eigenen Bedürfnisse, Befindlichkeiten und auch meine eigene Meinung zum Ausdruck zu bringen, desto besser fühlte ich mich (auch wenn ich anfänglich mit meinem schlechten Gewissen zu kämpfen hatte). Im Nachhinein hatte ich den Eindruck, dass ich auch umso unbequemer oder schwieriger für meine Vorgesetzten wurde, denn nicht immer passten meine eigene Überzeugung und mein klar artikuliertes (und selbstverständlich begründetes) „Nein" in die Strukturen und zu den Vorgaben des Unternehmens.

Darüber hinaus durfte ich mich zu unterschiedlichen Gelegenheiten darin üben, nicht immer alles gestalten oder im Griff haben zu müssen. Das war für mich, die ich mein ganzes bisheriges Leben größte Bemühungen angestellt hatte, quasi in jeder Situation immer alles ganz genau kontrollieren zu können (einschließlich meiner Emotionen), eine echte Herausforderung. Besonders in stressigen Situationen oder wenn Entscheidungen getroffen werden wollten, bedurfte es ziemlich viel Übung (und der bedarf es auch heute noch), mich zu entspannen, aber mittlerweile klappt(e) es immer besser. Der Lösungsansatz dabei ist, loslassen, vertrauen und ergebnisoffen zu werden.

Dabei erlebte ich, dass es teilweise sogar Spaß machen kann, in manchen Situationen erst einmal abzuwarten, ein paar Mal tief durchzuatmen und zu sehen, wie sich die Dinge entwickelten – und dann erst zu entscheiden, was ich sagen oder wie und wohin ich den nächsten Schritt tun würde. Dies ist eine extrem wertvolle Übung, die mir seitdem in bestimmten Situationen der Unsicherheit, die es im Leben nun einmal gibt und die auch Teil von Wandlungsprozessen ist, auch mehr Gelassenheit gibt, weil ich mich nicht mehr so meinem üblichen Handlungs-„Zwang" aussetze. Oder, wie meine Mentorin Danielle auch gerne sagt: *„Don't push the river, it flows…"*

Im Rahmen der Kurs-Reihe kam ich meinem Frau-Sein in verschiedensten Rituale erstmals richtig nah. Mein Leben als Frau machte mir sogar Spaß, ja wir zelebrierten es regelrecht. Darüber hinaus fing ich in dem Rahmen auch an zu Meditieren. Wobei ich auch gleichzeitig lernte, dass Meditation mehr ist, als das, was ich bis dahin darunter verstand, nämlich stundenlang untätig in einer Ecke „herumzusitzen und nichts zu tun". Im Gegenteil, ich erlebte, wie wohltuend und gleichermaßen zentrierend auch eine Bewegungsmeditation sein kann. Dabei verausgabt man sich zunächst völlig, dem Rhythmus des Körpers folgend, um anschließend quasi aus der Bewegung heraus zur inneren und äußeren Stille zu finden.

Durch diese verschiedenen Übungen und Rituale merkte ich Stück für Stück, wie gut es mir tat, für mich selbst zu sorgen. Ich stellte fest, dass ich nicht – wie ich früher glaubte – ein Opfer der Umstände war, sondern lernte Schritt für Schritt selbst Verantwortung für meine Umstände und mich zu übernehmen. Im Rahmen einer Schwitzhütte erlebte ich auch, dass es in unangenehmen Situationen (zum Beispiel wenn es dunkel, eng und stickig ist, und man das Gefühl hat, einfach nur „Raus" zu wollen) helfen kann, sich an vorgegebene Strukturen und „Ansagen" zu halten, da diese Sicherheit vermitteln.

Und je mehr ich mir über meine inneren Bedürfnisse und Werte klar wurde, desto weniger empfand ich noch den Drang, die Welt bereisen zu müssen, wie ich es früher fast schon sucht- (oder sollte ich besser sagen: flucht-)artig getan hatte. Vermutlich hatte ich auf meinen ganzen Rucksackreisen – so schön und erlebnisreich sie auch gewesen waren – doch irgendwie immer nur nach etwas gesucht, was ich nun in mir selbst fand: Das Gefühl von Angekommen- und Angenommen-sein. Wie ein Baum konnte ich nun gleichzeitig tief verwurzelt in der Erde und doch aufstrebend in den Himmel sein.

Darüber hinaus lernte ich auch die eigentlich offensichtlichen „Vorteile" von Klarheit kennen und schätzen. Denn während ich in der Vergangenheit eigentlich fast immer in meinen Aussagen möglichst unklar geblieben war, um mir bloß keine Türen oder Möglichkeiten zu versperren, stellte ich fest, dass dieses „Symptom" eigentlich nur ein Ausdruck dafür war, dass ich die Türen nur deshalb nicht verschließen wollte, weil ich selbst gar nicht wusste, was und wohin ich überhaupt wollte. Und mich deshalb gelegentlich in Situationen wiederfand, in denen ich mich überhaupt nicht wohlfühlte (um nicht zu sagen: auf deren Erfahrung ich im Nachhinein gerne hätte verzichten können). Mittlerweile weiß ich, dass ich deshalb nicht vom Fleck kam, weil ich Angst davor hatte, einen Fuß aus der Tür zu nehmen.

Und so übte ich mich zunehmend in einer klareren Kommunikation und war verblüfft, um wie vieles einfacher manche Türen sich dadurch öffnen ließen – oder eben schließen, je nachdem, was ich wollte. Auch wenn es manchmal schmerzlich war, tat es gut und war erleichternd, sich von Dingen, Situationen oder Personen zu trennen, die nicht (mehr) zu mir passten. Wie das schöne, dazu passende „Gleichnis" des Bildhauers meines Lebens: Alles was nicht zu mir gehört, darf und muss entfernt werden, damit das Kunstwerk optimal wirken kann.

Interessanter Weise traten parallel zu dem Frauen-Kurs auch noch weitere Frauen verstärkt in mein Leben. Was ich sehr spannend fand zu beobachten, denn bis zu dem Zeitpunkt hatte ich überwiegend männliche Kollegen, Bekannte und auch Kunden gehabt.

So zum Beispiel nahm ich bei bereits zuvor erwähnter Danielle an einem mehrwöchigen Gruppen-Coaching teil, um das eigene persönliche Unternehmer(innen)-Profil und damit die eigenen „Marke" zu schärfen. Gegen meine ziemlich heftigen inneren Widerstände stupste sie mich wiederholt und hartnäckig auf das Thema Burnout in meiner Biografie, von dem ich gedacht und gehofft hatte, mich mit Abschluss meiner Psychotherapie nie wieder beschäftigen zu müssen.

Zu tief saß in mir das Gefühl des „irgendwie anders seins" oder des Versagens. Genauso tief saß auch der Glaubenssatz, den ich aus meinem Elternhaus mitbekommen hatte, dass man über bestimmte Themen (wozu neben allem, was nur entfernt an „Scheitern" erinnerte, auch das Thema Burnout gehört) in der Öffentlichkeit nicht sprach, geschweige denn diese zum Thema seiner Selbständigkeit machte. Aber dank ihrer (Danielles) „Penetranz" schaffte sie es doch mit der Zeit, mich davon zu überzeugen, dieses Thema als meines anzunehmen.

Dadurch, und auch durch die Übungen und Rituale im Rahmen des Frauen-Jahres, hatte ich viele Übungsmöglichkeiten, mich abzugrenzen und Nein-Sagen zu lernen: NEIN zu nervigen oder fremdgesteuerten Terminen (von denen ich vor allem im Büro viel zu viele hatte) und NEIN zu übergriffigen, ungebetenen Kommentaren vor allem von einem Mit-Coachee und von einem früheren Kollegen aus einer Nachbarabteilung.

Übrigens war eines der am besten sichtbaren Ergebnisse von erwähntem Gruppencoaching die Geburt meines Blogs Wortakupressur[ix], den ich bereits ein paar Mal zitiert habe.

Quantensprünge hoch zwei

Und während 2010 für mich das Jahr der Frauen war, kam es ab dem darauf folgenden Frühjahr alles ziemlich heftig... Alleine die Vorboten im Frühjahr hätten mir schon zu denken geben müssen: Zeitgleich zu der anstehenden Umorganisation im Büro und der damit verbundenen Unsicherheit im Team wie es weitergeht, hatte ich noch Vorbereitungen zu treffen für eine ganztägige Messeveranstaltung für meine Gesundheitspraxis.

Zudem wollte mir mein Chef eine Aufgabe übertragen, von der ich schon aus der Vergangenheit wusste, dass sie eine ganze Menge Kraft und Nerven kostet. Bei diesem ganzen Programm meine Laune und mein Wohlbefinden aufrecht zu erhalten war gar nicht so einfach. Zum Glück halfen mir meine Bewegungsmeditationen sowie die meditativen Rad-Runden auf dem Rennrad einigermaßen dabei, meinen Kopf leer zu bekommen.

Welcher genau der Tropfen war, der das Fass des Chaos schließlich zum Überlaufen brachte, weiß ich gar nicht genau. Jedenfalls fand ich es zu bzw. nach diesem ganzen Programm irgendwie passend, an Karfreitag für mich selbst ein Ritual durchzuführen, in dem ich alle nicht mehr zu mir passenden Glaubenssätze in Bezug auf mein Frau-Sein loslassen wollte. Leider war mir nicht bewusst, dass sich diese nicht einfach klammheimlich aus meinem Leben verabschieden wollten, sondern lieber mit Pauken und Trompeten vor dem Abschied noch mal von mir beachtet werden wollten.

Oder es war das alljährlich stattfindende Leistungsbeurteilungsgespräch im Büro, das nicht nach meinen Erwartungen ausfiel. Immerhin hatte ich trotz meines Teilzeit-Vertrages im vergangenen Jahr etliche Sonderaufgaben übernommen und diverse Kollegen unterstützt, deshalb hatte ich mir schon einige Pluspunkte versprochen. Außerdem war ich der Meinung, dass ich aufgrund meiner langen Erfahrung extrem effizient arbeitete, so dass mir absolut nicht klar war, welcher Teil der Gleichung bzw. des Koeffizienten Leistung = Arbeit pro Zeiteinheit nicht zu einem Ergebnis größer gleich 100 % führte.

Die Etappen NACH dem Jakobsweg

Leider führte der folgende „Meinungsaustausch" darüber mit meinem Vorgesetzen nicht zu einer Einigung oder einem Konsens, aber zu einem besseren Verständnis der Perspektive des jeweils anderen. Die anfängliche Wut über die Bewertung wurde später von einem sehr starken Gefühl der Traurigkeit abgelöst und dem Gefühl, nicht zu wissen, wohin ich eigentlich gehörte. Denn auch wenn mich liebe Freunde daran erinnerten, ich bräuchte doch meine Wertschätzung mir selbst gegenüber nicht von einem „ollen Stück Papier" (wie der Leistungsbeurteilung) abhängig zu machen, empfand ich meine Arbeit, die Stimmung im Büro und gegenüber meinen Vorgesetzen seither anders.

Zudem bescherte mir die Umorganisation auch noch zusätzliche Aufgaben – als ob ich mich vorher gelangweilt hätte (denn nach der Langeweile, die ich zwei Jahre zuvor empfunden hatte, hatte ich ja meine Wochenarbeitszeit reduziert). So kostete es mich Einiges an Energie, bei meinem eigenen Frust (über die Leistungsbeurteilung und die zusätzliche Arbeit) und den der Kollegen (über die neuen Aufgaben) noch konstruktiv zu bleiben.

Im Nachhinein hatte die ganze Situation etwas Groteskes bis Komisches an sich, denn nachdem das ganze oben beschriebene Programm nicht nur ein paar Tage, sondern eher schon Wochen bis Monate andauerte, war es nicht wirklich verwunderlich, dass sich bei mir eine längere Schlappheit und Demotivation eingestellte.

Und obwohl ich aufgrund meiner naturheilkundlichen Erfahrung und der Seminare, die ich anbot, ganz genau wusste, was ich tun könnte (nämlich Fernsehen oder Computer ausschalten und hinaus in die Natur gehen, gesunde Ernährung sowie Entspannung, Bewegung und/oder Meditation) oder unterlassen sollte, damit es mir besser ging, tat ich genau das Gegenteil davon. Ich kam mir so ähnlich vor wie die Blondine, die eine Bananenschale sieht und denkt: „Oh Scheiße, gleich falle ich hin", als ich mich – wie ferngesteuert – selbst dabei beobachtete, wie ich eben genau das Falsche tat, nämlich abends faul vor dem Fernseher oder PC hocken, frische Luft meiden und Schokolade in rauen Mengen essen.

Abgesehen davon hatte ich das Gefühl, dass es mir jedes Mal gut ging, wenn ich etwas für meine Selbstständigkeit unternahm, egal, ob es nun Fortbildungen waren oder Netzwerk-Treffen. Gleichzeitig war ich aber spätestens drei Stunden nachdem ich das Büro betreten hatte, jedes Mal komplett ausgelaugt. Dennoch: Obwohl dies eigentlich alles ziemlich eindeutige Zeichen waren und es mir ziemlich dreckig ging, hielt ich tatsächlich noch ein paar Wochen lang an meiner Meinung fest, dass ich mich ja nicht krankschreiben lassen könne, so „unersetzbar wie ich bin, bei den vielen Aufgaben die ich habe".

Mein Stolz (oder sollte ich besser sagen: Ego) war wie immer stark ausgeprägt und ließ nicht leicht mit sich ringen. Und so überraschte es mich eigentlich auch nicht wirklich, dass ich erst ein Einsehen hatte, als mir eine gleichfalls spagyrisch[34] arbeitende Kollegin, die ich konsultierte, auf den Kopf zusagte, wir sollten das Kind doch endlich beim Namen nennen: Ich hätte einen Burnout. „Nein, nein. So schlimm ist es doch gar nicht", hörte ich mich sagen, um mich gleich darauf wie vor den Kopf zu schlagen. Denn erst in diesem Moment fing ich an aufzuwachen, weil mir klar wurde, dass ich mir die ganze Situation auch noch schön redete.

Wieder einmal beschlich mich das Gefühl, dass zunehmend weniger in meinem Leben noch zu mir passte. Anscheinend wollte sich – so schien es mir – neben einigen anderen Glaubenssätzen und Verhaltensmustern auch noch mal das Thema Burnout mit Pauken und Trompeten von mir verabschieden.

Dennoch kam auch ich irgendwann kurz darauf zu der Einsicht, dass es für mich gesünder sei, im Büro die weiße Fahne zu hissen. Woraufhin mir mein Chef einen Teil meiner Aufgaben abnahm und mir für den Herbst die Unterstützung eines neuen Kollegen zusagte. Interessant, wie schnell Dinge manchmal möglich sind, die vorher nicht möglich

---

[34] Spagyrik geht zurück auf Paracelsus und bezeichnet die pharmazeutische und therapeutische Umsetzung der Alchemie. Dabei handelt es sich um eine spezielle Verfahrenstechnik zur Aufbereitung überwiegend pflanzlicher Arzneimittel

waren... Leider minderte das zwar nicht unbedingt meine Schlappheit, aber zumindest ein wenig meine Demotivation.

Dagegen half aber massiv die Coaching-Ausbildung, für die ich mich bereits vor Ostern angemeldet hatte und die genau zu dieser Zeit mit einem einwöchigen Kompakt-Kurs auf Mallorca begann. Ich bin mir nicht sicher, ob ich mich im Verlaufe dieses ganzen Chaos noch einmal dafür entschieden hätte, wenn ich mich zuvor nicht bereits angemeldet hätte. Aber da ich die Kursgebühr bereits gezahlt hatte und auch keine Reise- oder Seminar-Rücktrittsversicherung hatte, wollte ich unbedingt daran teilnehmen. Und das auf reguläre Urlaubstage und nicht auf Krankenschein.

Zum Glück gab es im Verlauf dieser Seminar-Ferienwoche nebenbei noch genügend Gelegenheit für Erholung. Außer der Sonne, dem Ortswechsel und dem leckeren Essen trugen nämlich der Kurs und vor allem die tollen Gespräche mit den anderen Teilnehmern dazu bei, dass es mir besser ging und mir so einen ordentlichen Motivationsschub verpasste. Um nun den Bezug zur Kapitelüberschrift herzustellen: Besagter Kurs, für den ich im Laufe des weiteren Jahres noch etliche Male ins Schwäbische fuhr, hieß „Quantensprung-Coaching" und er half mir – neben der Ideenfindung für die Kapitelüberschrift – nicht nur beim Lernen und Einüben neuer Fähigkeiten.

Darüber hinaus brachte er mir zunächst selbst auch noch einiges an Klarheit, warum mich diese Situation mit der Umorganisation in Kombination mit der Leistungsbeurteilung so umgeworfen hatte. Im Verlauf dieses Kurses kam mir erstmalig der Gedanke, dass ich komplett Umdenken lernen musste: Denn in meiner bisherigen Aufgabe als Controllerin gehörte es primär zur Tagesordnung, meine Mitmenschen zu kritisieren (weil das, was sie taten, per se zu teuer war). Wenn ich mich aber in Richtung Coaching entwickeln wollte, würde ich meine Mitmenschen von nun an unterstützen, begleiten, fördern und coachen, also das Positive oder das Potenzial in ihnen erkennen.

Statt meiner jahrzehntelang erprobten „Ja, aber"- oder sogar „Nein, aber"-Haltung zu meinen Prozesspartnern in der Arbeit und meinen Mitmenschen im Allgemeinen oder sogar zum Leben selbst durfte ich mich nun im Ja-Sagen üben und darin, alles und alle genauso anzunehmen, wie es sich gerade präsentierte. Im Gegenteil: Ich durfte nun aus diesem immer versuchen, das Beste zu machen – was mir anfangs gar nicht so leicht fiel. Wenn ich jedoch an die verbleibenden etwa dreißig Jahre bis zu meinem gesetzlichen Renteneintrittsalter dachte, erschien mir dies eindeutig die viel konstruktivere und damit gesündere Perspektive zu sein!

Natürlich machten wir im Verlaufe der verschiedenen Seminar-Wochenenden auch einige Gedanken- und Körperreisen sowie verschiedene Übungen, darunter eine zum Thema Vergangenheit – Gegenwart – Zukunft. Obwohl es sich um eine sehr einfache Übung handelte, stellte ich fest, dass ich mir bisher meine Entscheidungsfindungsprozesse immer selbst dadurch verkompliziert habe, in dem ich mir zu starke Gedanken über „ungelegte Eier" machte. Anstatt erst eine Entscheidung zu treffen und dann die Nächste und anschließend die Übernächste, wollte ich immer alles gleichzeitig erschlagen. Puh, wie anstrengend so etwas ist – so, als ob ich ein ganzes Ster Holz auf einmal tragen wollte, anstatt einen Scheit nach dem anderen…

Nebenbei bemerkt war es für mich – die ich bis 2010 quasi überhaupt keinen Bezug zum Schwabenländle gehabt hatte – ein echter Kulturschock, in der zweiten Jahreshälfte 2011 mehr oder weniger jeden Monat mindestens ein Wochenende dort zu verbringen. Aber anpassungsfähig wie ich nun einmal bin, ertappte ich mich bereits im Oktober bei der schwäbischen Aussprache des als Nachtisch servierten „Obscht-Salates"…

Darüber hinaus lernte ich dadurch, dass ich dort ständig an irgendwelchen Fortbildungen teilnahm, natürlich wiederum neue Leute „von dort" kennen, die ich ab und zu besuchte. Unter anderem einen wunderbaren Klavierspieler, bei dem es die Klaviermusik quasi schon zum Frühstück gab. Was mich wiederum sehr berührte, denn mir wurde klar, dass es gerade solche immateriellen „Kleinigkeiten" sind, die das Herz öffnen und das Leben und die Liebe lebenswert machen – und dabei die Äußerlichkeiten zur Nebensache werden lassen.

Quasi zeitgleich zu den ersten Quantensprüngen begann im Juni 2011 außerdem meine „Karriere" als Autorin. Dazu muss ich erwähnen, dass mich als Schülerin bei Aufsätzen jeglicher Art das kalte Grausen gepackt hatte. Um nicht zu sagen, ich habe Aufsätze (egal ob Urlaubsgeschichten schreiben, Buchdiskussionen oder Interpretationen) damals gehasst. Zum einen hatte ich immer das Gefühl, ich konnte das, was ich dachte, nicht richtig transportieren und andererseits hatte ich immer Angst gehabt, etwas „Falsches" zu schreiben. Anscheinend war mir damals nicht bewusst, dass es so etwas wie eine „falsche Meinung" nicht gibt.

Deshalb war ich zunächst ziemlich verunsichert, als meine Mentorin Danielle mich fragte, ob ich mit ihr und fünf weiteren Frauen an einem Online-Magazin namens Quantenspringerin! mitwirken wollte. Ich – schreiben? Eine echte Herausforderung. Aber im Laufe unserer vergangenen Zusammenarbeit hatte ich bereits gelernt, dass sie selten jemanden ohne Grund so etwas fragte...

Zum Glück hielt sich der zeitliche Aufwand für dieses Projekt in Grenzen. Die Verpflichtung, die jede von uns einging, bestand lediglich darin, dass wir uns einmal im Monat vormittags (bei einem gemeinsamen Frühstück) zur sogenannten Redaktionssitzung trafen und später dann – jede aus ihrer Perspektive und für ihre eigene Rubrik – immer über ein gemeinsames, vorgegebenes Thema schrieb.

Ich muss sagen, anfangs stresste es mich sehr, mir diesen Redaktionsvormittag freizuschaufeln und meistens hetzte ich im Anschluss daran mit schlechtem Gewissen und viel später als geplant ins Büro (kein Wunder, denn wir Frauen hatten meistens mehr zu reden gehabt als vorgesehen). Außerdem ließ ich die ersten paar Monate meine Beiträge immer noch von einer Vertrauensperson, die ich für schreibtechnisch versierter hielt, „Korrektur lesen", bis ich im Laufe der Zeit einen Weg fand, wie mir die Artikel wie von alleine ins Hirn und auf die Tastatur purzelten (wobei ich gestehen muss, dass das ganze nach wie vor Tagesform-abhängig ist).

Dennoch war es natürlich spannend zu beobachten, wie wir alle uns im Verlauf der gemeinsamen Projektlaufzeit weiterentwickelten – jede für sich wie auch gemeinsam. Außerdem war es faszinierend zu erleben, wie auch mir selbst das Schreiben immer mehr Freude brachte. Darüber hinaus stellte ich in einem ähnlichen Maße fest, dass es mir besser tat, wenn ich nach unseren Redaktions-Vormittagen gleich gar nicht mehr ins Büro ging. Und so nahm ich mir – anstatt den restlichen Tag mit schlechtem Gewissen im Büro zu verbringen – später (Gleitzeit sei Dank!) meistens gleich den ganzen Tag frei.

Falls Sie mögen, können Sie gerne meine gesammelten Werke in meinen Blog Wortakupressur[x] weiter lesen …

Was wirklich wichtig ist im Leben

Nach den diversen Todesfällen im familiären Umfeld in den vergangenen drei Jahren, sollte ich mich auch 2011 wieder damit beschäftigen, wie end-lich das Leben sein kann. Beziehungsweise die „Normalität", mit der die Mehrheit von uns ihr Leben lebt. Manchmal reichen dazu auch schon die Erlebnisse von anderen, um uns das zu verdeutlichen.

Ich selbst war jedenfalls wie gelähmt, als mir meine beste Freundin erzählte, sie hätte gerade erfahren, dass die Urlaubsbekanntschaft, mit der sie einen One-Night-Stand gehabt hatte, HIV-positiv ist. Leider hatte er es ihr erst hinterher gesagt, und auch das nur auf eher zufällige Nachfrage. Schauer liefen mir über den Rücken bei dem Gedanken, mir wäre das passiert! Von einem auf den anderen Moment brechen die ganzen Zukunftspläne (und vielleicht auch die Luftschlösser) zusammen.

Ich erinnere mich sehr gut, wie sie sich an mich wandte, als die Info noch ganz frisch war, weil sie das Gefühl hatte, sie müsste mit irgendjemandem darüber reden, um nicht zu platzen. Ich glaube, sie hatte sich ziemlich alleine gelassen gefühlt von den Medizinern, die sie konsultierte. Anscheinend wusste niemand so richtig, was zu tun sei: „Machen Sie halt in drei Monaten einen Test, dann wissen Sie ja Bescheid", war lapidar die mehrfache Antwort. Ich glaube, ich wäre vor Wahnsinn aus dem Fenster gesprungen! Was macht es denn für einen Sinn, drei Monate abzuwarten (was schon Hölle genug ist) und sich unter Umständen hinterher zu ärgern, dass man zu einem Zeitpunkt als man hätte handeln können, es nicht getan hatte? Immer dieses „Hätte ich doch" – das Symptom verschwendeter Chancen im Leben...

Um die Sache nicht ins Endlose zu ziehen: Sie ließ sich eine sogenannte „Pille danach"[35] verordnen – das klingt zwar scherzhaft, ist aber alles andere als Spaß. Dabei handelt es sich um einen etwa 1.500 Euro teuren „Drogen-Cocktail", den man dann für vier Wochen

---

[35] Die offizielle Bezeichnung lautet PEP (Post-Expositions-Prophylaxe)

einnehmen muss um eine Ausbreitung des Virus zu verhindern. Aber lieber vier Wochen Chemie-Bombe als lebenslang, dachte sie. Trotzdem hatte ich nicht wirklich den Eindruck, dass es ihr besonders gut damit ging. Als ich sie nach zwei Wochen wieder traf, hatte sie massiv abgenommen (nicht dass sie es nötig gehabt hätte) und klagte über die starken Nebenwirkungen.

Wenn ich mir das vorstelle: Aufgrund von einer einzigen Blödgelaufenen-Aktion sein ganzes verbleibendes Leben lang von der Gesellschaft stigmatisiert zu sein und (sofern man verantwortungsbewusst mit seinen Partnern umgeht) jegliche in einer Beziehung eigentlich normale Unbefangenheit vergessen zu können – ich glaube, so eine Situation wünscht man niemanden.

Selbst als Zweite-Hand-Erfahrung hat mich das ganze ziemlich erschüttert. Vor allem zum Nachdenken angeregt. Was diese Erfahrung aber darüber hinaus noch vertieft hat, war die Aufgabenstellung, die ich nur ein paar Wochen später im Rahmen einer Fortbildung bekam. Ich sollte meine eigene Traueranzeige schreiben! Im ersten Moment hatte ich erst einmal heftigst schlucken müssen – denn man denkt ja an viel mit Mitte Dreißig, aber doch nicht an seine eigene Traueranzeige! Aber so im Nachhinein muss ich sagen, dass dies in Kombination mit der Erfahrung meiner Freundin einen entscheidenden Denkprozess bei mir ausgelöst hatte.

Denn seitdem beschäftigte mich der Gedanke, wenn das „normale" Leben mitunter so schnell beendet sein kann, wofür ich dann meine (wie mir klar wurde) begrenzte Lebensenergie aufwenden wollte. War ich denn überhaupt in einem Job, in dem ich die Dinge nicht aus Überzeugung tat, sondern nur weil ich dafür bezahlt wurde, am richtigen Ort? Was waren denn überhaupt meine eigenen Lebensziele und –hoffnungen? Und wann endlich wollte ich denn – im positiven Sinne – überhaupt anfangen, mir „das Leben zu nehmen"? Anstatt es in einem Job, der mir keinerlei Befriedigung verschafft, zerfließen zu lassen. Freunde der griechischen Mythologie können bestimmt etwas mit der

Lehre von Chronos, dem Gott der (ablaufenden) Zeit bzw. Lebenszeit[36] anfangen. Diese sah ich wie eine Sanduhr vor mir verrinnen.

Mir wurde klar, wie schwierig es für die Mehrheit der Menschen, die ich kenne, ist, sich damit auseinanderzusetzen, dass der Tod für uns alle Bestandteil des Lebens ist. Kein Wunder, Sterben ist nun auch ein unangenehmes und vor allem endgültiges Thema. Aber nun konnte ich diese verrinnende Sanduhr so deutlich vor mir sehen, deshalb wurde mir bewusst, dass so etwas wie ein „Scheitern" oder „Versagen" dessen, was ich bisher als Lebenskonzept betrachtet hatte, in keinem Fall so endgültig oder so „schlimm" wie der Tod ist und demnach eine Illusion ist. Überhaupt ist mir nach wie vor nicht klar, wieso „Scheitern" in ‚unserer (deutschen) Kultur ein so schlimmes Schicksal zu sein scheint. In Kulturen wie beispielsweise der amerikanischen steht man einfach wieder auf und macht weiter, wenn man hinfällt, während man sich in Deutschland jahrelang dafür zu rechtfertigen oder zu schämen scheint...

In der griechischen Mythologie gibt es neben Chronos übrigens auch noch Kairos, der im Gegensatz zu seinem Kompagnon Chronos für den richtigen Moment oder den günstigen Zeitpunkt einer Entscheidung steht. Kairos durfte ich übrigens auch noch kennenlernen, allerdings erst ein paar Monate später ...

---

[36] Chronos ist in der griechischen Mythologie der Gott der Zeit und symbolisiert neben den Ablauf der Zeit auch die Lebenszeit (vgl. Wikipedia)

Netzwerke – getragen oder verstrickt sein

Im Sommer 2011 empfahl mir ein Steuerberater, den ich von einigen Netzwerk-Veranstaltungen her kannte, zwei Mandanten von ihm, die im Begriff waren, in Schwabing ein Wellness-Center zu eröffnen. An Pfingsten kam ein erstes Gespräch mit „den Jungs" (wie ich beziehungsweise wir sie später nannten) zustande und wir alle hatten ein gutes Gefühl, dass wir uns gegenseitig – mit meiner Heilpraxis und deren Infrastruktur, bereichert durch Wellness-Angebote von weiteren Menschen – gut ergänzen würden. Zeitlich passten die Planungen – der Eröffnungstermin des Centers und das Auslaufen meines Mietvertrages meines bisherigen Praxisraumes in Haidhausen – zumindest super zusammen.

Allerdings kam im weiteren Verlauf zwischen dem ersten Treffen im Juni und der für September geplanten Eröffnung der ganze Kommunikationsprozess ziemlich ins Stocken, oft herrschte mehrere Wochen lang Funkstille. Da ich im Herbst dringend einen Praxisraum brauchte (und haben wollte), war ich im September ziemlich froh war, als ich Verstärkung von zwei QuantenspringerinI-Kolleginnen bekam, die mein Interesse an einer gemeinsamen Raumanmietung teilten.

Zum Glück war deren Geduld weniger strapaziert als meine, denn in den folgenden Monaten machte zwar der Ausbau der Räume sichtbare Fortschritte, nur das Thema Mietvertrag entwickelte sich absolut zäh. Glücklicherweise waren wenigstens wir Quantenspringerinnen uns einig, was wir wollten.

Ich war Meike sehr dankbar für ihre Geduld – denn selbige war noch nie eine große Kernkompetenz von mir gewesen, so dass ich selbst schon diverse Male kurz vor dem Platzen gewesen war, weil absolut kein Fortschritt diesbezüglich zu erkennen war.

Etwas Gutes konnte ich im Rückblick jedenfalls der Episode mit den Jungs abgewinnen: Durch sie kam der Kontakt zum Burnout-Helpcenter in Löwenstein in Baden-Württemberg zustande, in dem ich mich im Sommer zur Burnout-Lotsin ausbilden ließ. Auch wenn ich zuvor der Ansicht gewesen war, ich wüsste bereits viel über Burnout –

ich lernte doch selbst durch die Ausbildung noch allerhand dazu. Und das dazu noch in einem wunderbaren Ambiente, das bei Burnout (und dadurch auch bei der entsprechenden Ausbildung) wirklich perfekt geeignet ist: Quasi kein Handy-Empfang, die nächste Nachbarin wohnt fünf Kilometer entfernt. Mit sternenklarem Nachthimmel sowie freiem Blick auf den Sonnenuntergang über den Bergen inklusive. Dadurch ist die Ablenkungsfreiheit natürlich absolut garantiert! Mit Ritualen und Badetag wurde das Erlernte gefestigt, so dass auch diesmal die gute Mischung zwischen Erholung und Lernen gewährleistete, dass sich der Jahresurlaub, den ich dafür aufwendete, zumindest ansatzweise zu Erholungszwecken eignete.

Vor allem aber lernte ich dort, für die „Geschichten" anderer Menschen nicht über Gebühr viel Energie zu verwenden, wenn ich nicht dafür bezahlt würde. Diese wichtige Lektion erleichtert mein Leben seither ungemein. Wobei ich zugeben muss, dass ich anfangs schon gewaltig mit einem schlechten Gewissen zu kämpfen hatte...

Schließlich war es im November endlich so weit: Zwischen Meike und mir einerseits und den Jungs andererseits lag fix und fertig ein für beide Seiten vereinbarungsfähiger Mietvertrag auf dem Tisch. Kaum dass es allerdings soweit war, rückten „die Jungs" mit der Nachricht heraus, dass sie nun doch nicht mit dem Konzept der Burnout-Lotsen zusammenarbeiten wollten, weil sie nun – so dachten sie – „etwas Besseres" hätten.

Ich fühlte mich wie vor den Kopf geschlagen. Zwei verschiedene Burnout-Konzepte unter einem Dach waren meiner Meinung nach für potentielle Kunden nicht vermittelbar und konnten daher aus meiner Sicht nicht gut gehen. Abgesehen davon kamen in mir Emotionen hoch, und zwar keine positiven. Nein, in der Situation und Stimmung sah ich mich nicht in der Lage, ein langfristiges und rechtlich bindendes Dokument zu unterzeichnen. Was mir auch, entgegen meiner sonstigen Gewohnheit, gelang zum Ausdruck zu bringen. Der „Film", von dem ich den Eindruck hatte, er wurde gerade gedreht und in dem ich eine der Hauptrollen spielte, hatte mich völlig derangiert. Aber zu Hause angekommen, nahm ich die Aktion immerhin als guten Impuls für unseren in diesem Monat anstehenden Quantenspringerin!-Beitrag zum Thema Kooperation statt Konkurrenz. Wie ich fand, definierte sich Kooperation über Win-Win-Beziehungen, aber anscheinend haben andere Menschen dazu eine andere Ansicht.

Durch dieses Erlebnis kam ich zumindest für mich zu der Einsicht, dass ich es mir selbst wert war, mir eine derartige Behandlung nicht gefallen zu lassen. Das für eine professionelle Geschäftsbeziehung auf Augenhöhe erforderliche Vertrauen ließ sich aus meiner Sicht nicht mehr herstellen. Ich war doch kein Bittsteller!

Dennoch war es gut so, wie es passiert war, und ich bin sehr dankbar, diese Übungsmöglichkeit gehabt zu haben, mich mit dem Thema Wertschätzung und Selbst-Wert auseinanderzusetzen. Denn wie oft hatte ich meinen eigenen Wert in der Vergangenheit zugunsten eines scheinbar lieben Friedens oder einer vordergründig guten Zusammenarbeit verleugnet. Ohne zu merken, wie sehr ich mir selbst damit geschadet hatte, weil mich die nicht tragfähigen Netzwerke oder Beziehungskonstrukte viel zu viel Zeit, Kraft und Nerven gekostet hatten. Es wurde endlich Zeit, damit aufzuräumen, Netzwerke zu entknoten und zu „ent-wickeln" (in diesem Zusammenhang gewinnt das Wort eine wie ich finde sehr charmante neue Bedeutung...)

Darüber hinaus setzte diese Episode in mir einen wertvollen Impuls, wie wichtig es mir in jeder Hinsicht bei zukünftigen Kooperationsmodellen war, dass ich mich mit meinem Gegenüber auf Augenhöhe befand. Was sich später noch in einem ganz anderen Zusammenhang als wichtige Erkenntnis herausstellen sollte...

Die Etappen NACH dem Jakobsweg

Kairos – oder: Die Kunst, Chancen zu nutzen

Seit Beginn meiner diversen Fortbildungen merkte ich im Büro schrittweise, wie mir die vorgegebenen Strukturen und Regeln, in denen ich mich lange Jahre gut und sicher aufgehoben fühlte, langsam aber sicher zu eng wurden. Angefangen bei den Arbeitszeiten über die Hierarchien bis hin zu den (Weiter-) Entwicklungsmöglichkeiten. Zwar hatte ich auch in den vergangenen Monaten die eine oder andere Situation gehabt, wo ich froh war, einen vorgegebenen Arbeitsrhythmus und -rahmen zu haben. Doch im Rückblick waren dies alles Situationen, in denen es mir schlecht gegangen war, und mir leuchtete nicht ein, wie eine solche Situation langfristig für mich förderlich sein könnte.

Daneben fühlte ich mich in dem mich umgebenden System zunehmend mehr fehl am Platze, so ähnlich wie in der Geschichte des hässlichen jungen Entleins, wobei es in meinem Fall eher ein Gefühl aus meinem Inneren war, als dass es an den Kollegen gelegen hätte (denn wenn das Verhältnis zu den Kollegen nicht so gut gewesen wäre, hätte ich es vermutlich überhaupt nicht so lange dort ausgehalten).

Während der im dritten Quartal geführten internen Bewerbungsgespräche merkte ich dann zum ersten Mal wirklich bewusst, dass mich keine der angebotenen Stellen wirklich vom Herzen her begeisterte. Und die Bewerbungen auf die Jobs, die ich wirklich gerne gemacht hätte, waren leider nicht erfolgreich. Was ich nicht nur schade fand, sondern darüber hinaus fand ich die Perspektive, die verbleibenden etwa dreißig Jahre bis zur Rente nur aus Pflichtgefühl heraus und ohne Freude zu „absolvieren", ziemlich abschreckend. Vor allem vor dem Hintergrund der Erfahrung, wie endlich die eigene Lebenszeit mitunter sein kann.

Parallel dazu wurde mir im Herbst 2011 nach mehr als zweijähriger Doppelbelastung in zwei so völlig unterschiedlichen Aufgabenbereichen (Controlling einerseits und Naturheilpraxis andererseits) vor allem eines klar: Nämlich dass ich zwar nach außen hin prima funktionierte – aber ich in meinem Inneren völlig zerrissen war.

Burnout – Vom Jakobsweg zurück ins Leben

Dieses ständige zwei- bis dreimal tägliche (gelegentlich auch häufiger) gedankliche Hin- und Her-Schalten zwischen dem, wofür ich schon seit Jahren mein Geld erhielt, und dem, wofür ich eigentlich lieber mein Geld verdient hätte, strengte mich mittlerweile ziemlich an und zehrte sehr an meinen Kräften. Wobei mir irgendwann auffiel, dass ja nicht die Situation, sondern ich selbst dafür verantwortlich war, denn ich bräuchte mich ja einfach nur konsequent zu entscheiden anstatt die beiden „Scheinwelten" weiter aufrecht zu erhalten. Alleine dadurch müssten ja Unmengen an Energie in mir freiwerden! Immer diese „Was wäre wenn"- oder „Ich würde gerne"-Szenarien.

Auf einer CD, die mir jemand schenkte, war dazu sinngemäß recht passend formuliert: Triff die Entscheidungen in Deinem Leben wie in einem italienischen Restaurant: Wenn Dir die Pizza nicht schmeckt, bestell Dir beim nächsten Mal doch die Nudeln – oder geh stattdessen lieber gleich zum Chinesen... Auch eine Art, die Dinge zu betrachten. Dennoch erschien es mir leichter gesagt als getan, immerhin hatte ich einen vergleichsweise gut bezahlten Job und einen Arbeitgeber, um den mich viele meiner Bekannten beneideten – wie sollte ich den so einfach ab- oder bei Bedarf wieder neu bestellen? Allerdings sahen die meisten jener Bekannten bei ihrem Neid nur den guten Status, den mir dies einbrachte – quasi keiner sah, wie sehr meine Gesundheit und dadurch auch ich darunter gelitten hatten, oder dass mir die Arbeit schon so längerem keine Freude und keinen Sinn mehr bescherte... Wobei Sinn und das Gefühl der Bedeutsamkeit im Zusammenhang mit Burnout wirklich essentielle Aspekte sind, wie bereits der israelisch-amerikanische Medizinsoziologe und „Vater" der Begriffs der Salutogenese[37] Aaron Antonovsky (1923-1994) in den 1970er Jahren erforschte.

Als ob ich nicht schon genügend Denkanstöße gehabt hätte, erhielt ich später im Herbst im Rahmen meines täglichen „Gespräche mit Gott"-Impulses, den ich abonniert hatte, auch noch die Frage, was

---

[37] Beim salutogenetischen Ansatz steht im Gegensatz zur Pathogenese nicht mit die Frage "Warum wird der Mensch krank" sondern viel mehr die Fragestellung "Was hält ihn gesund" im Vordergrund (vgl. Wikipedia).

mich davon abhielte, das zu tun was ich möchte. Geld könnte nicht das Thema sein, wenn es darum ginge, die Seele verhungern zu lassen, nur um (vermeintlich) den Körper zu ernähren. Volltreffer.

Auf einem meiner vielen Seminare hatte ich mal den Spruch gehört, dass das Leben wie das Warten an einer (roten) Ampel sei – wenn man einmal eine Grünphase verpasst hatte, würde schon irgendwann einmal die nächste kommen, auch wenn es dazwischen eine ganz lange Zeit rot zu sein schiene. Und so war es dann auch, in Bezug auf den Abschied von meinem Arbeitgeber: Der bereits zuvor erwähnte Kairos, der im Gegensatz zu Chronos für den richtigen Moment oder den günstigen Zeitpunkt einer Entscheidung steht und dessen ungenütztes Verstreichen nachteilig sein kann, kam nun zum Zuge. Es galt nun, die günstige Gelegenheit beim Schopfe zu packen.

Es folgten etliche Gespräche mit verschiedenen Personen an meiner Arbeitsstelle. Dazu muss ich sagen, dass ich mir angewöhnt hatte, vor jedem wichtigen Gespräch eine Art Kurzmeditation durchzuführen (manche Menschen würde es wohl auch als eine Form des Gebetes bezeichnen): Ich bat darum beziehungsweise dankte dafür, dass mir die richtigen Worte in den Mund gelegt würden und das Gespräch sehr anstrengungslos verlaufen möge, das heißt ohne schwierige Konflikte oder Gefühle (wie zum Beispiel das, sich in eine Ecke gedrängt zu fühlen). Ich muss sagen, wenn ich diese Übung bewusst durchgeführt hatte, hat es auch jedes Mal funktioniert!

So gab es auch dort dankenswerterweise den einen oder anderen personifizierten Engel, der mich in den kommenden Monaten unterstützte und mir einen sehr sozialverträglichen Weg aus meinem „Dilemma" ermöglichte. Dieser war zwar ohne Hintertür, denn vermutlich würde ich, wenn ich einmal gegangen war, diesen gutbezahlten Arbeitsplatz später nicht noch einmal wieder bekommen. Letztendlich aber würde ich mich nun einmal nicht wirklich von der Stelle fortbewegen, wenn ich immerzu mit einem Fuß eine Tür vor dem Zuschlagen schützen wollte. Wenn ich ehrlich zu mir selbst war, war mir auch klar, dass ich eigentlich gar nicht mehr durch diese Tür zurück wollte. Dennoch wollte ich diese Tür nicht wie ein trotziges oder wütendes Kind zuwerfen, sondern sie beschwingt und mit einem fröhlichen Herzen schließen. Jedenfalls bekam ich durch den angebotenen Aufhebungsvertrag nicht nur quasi die Türklinke in die Hand gedrückt, es beinhaltete jedoch gleichzeitig noch einen ansehnlichen Proviant-Korb und Notgroschen, der es mir „für den Notfall" einige Zeit ermöglichte über die Runden zu kommen.

Dennoch brauchte ich dafür zum einen noch ein wenig mehr Mut und zum anderen mehr Klarheit, damit ich eine fundierte Entscheidungsgrundlage hatte, um diese Ent-Scheidung auch wirklich zu treffen. So war ich dann froh über den obligatorischen Jahresend-Urlaub, wo ich genügend Dinge hatte zu klären – für mich und mit mir selbst, damit ich die anstehende Entscheidung auch wirklich guten Wissens und Gewissens treffen konnte. Andererseits hatte ich dafür nun aber auch ausreichend Gelegenheit, mir zu überlegen, was ich überhaupt wollte.

Denn von der Gewohnheit, mich zu der Zeit auf irgendwelchen zwar sonnigen, aber entlegenen Tauchbasen herumzutreiben, hatte ich diesmal Abstand genommen – wie es der Zufall so gewollt hatte, hatte ich nämlich bereits vor eineinhalb Jahren für den Jahreswechsel 2011/12 die Teilnahme an einem Silvester-Seminar gewonnen... Und so verbrachte ich – vermutlich zum ersten Mal seit mindestens fünf Jahren – auch Weihnachten mal wieder in Deutschland. Vielleicht konnte ich ja auf diesem Wege auch mal meine Winter- und Weihnachtsaversion auskurieren!

Einerseits hatte ich zwar (wie eigentlich schon seit Jahren) keine Lust auf ein konventionell gefeiertes Weihnachten, mit dem ich Tannenbaum, Scheinheiligkeit und einem viel zu üppigen Festgelage zu Lasten irgendeines armen toten meistens geflügelten Tieres assoziierte. Andererseits wollte ich Weihnachten aber auch nicht alleine verbringen, so dass mir die Einladung zu einem alternativ gestalteten Weihnachtsfest, die ich von der Freundin einer Freundin erhielt, eine gute Lösung zu sein schien. Drei ganze Tage mit einer Gruppe von einem Dutzend Gleichgesinnten, von denen ich quasi niemanden kannte, in einem Nest in der Nähe von Augsburg zu verbringen, klang gemütlich... Außerdem sollte es da ja auch noch einen Wunsch-Tempel im Garten geben, bei dem die Wünsche angeblich ziemlich schnell in Erfüllung gingen – na, da war ich aber mal neugierig, ob das stimmte?

Um es kurz zu machen: Es stimmte. Wir hatten eine weitestgehend besinnliche und harmonische Zeit, und dank des schönen (fast schon frühlingshaften) Wetters hatten wir auch viel Gelegenheit in kleineren oder größeren Gruppen spazieren zu gehen... Selbst das mit der kurzen Wunscherfüllungszeit stimmte... Ich ging nämlich fast täglich in diesen fast schon ein wenig kitschig dekorierten Tempel, primär deshalb, weil es dort so angenehm ruhig war. Zwar war ich nicht immer alleine dort, aber wenn die Sonne schien, war darüber hinaus auch noch eine schöne Stimmung.

Und weil ich bei meinen „Männerbestellungen" in der Vergangenheit schon ein paar Mal seltsame Ergebnisse gehabt hatte, erinnerte ich mich an die Empfehlung meiner Cousine. Die hatte mir kurz vor ihrer Hochzeit erzählt, dass sie sich in Bezug auf einen Mann keine verbale Beschreibung, sondern „ein Gefühl" vorgestellt hätte – dabei war dann ihr jetziger Mann heraus gekommen und die weißen Socken (die sie so nicht „bestellt" hatte) müsse sie dann nun in Kauf nehmen. Also stellte ich mir ein wunderschönes Gefühl von Vertrautheit, Liebe und Angenommensein vor, wie ich es bisher vor allem im Rahmen meiner Frauen-Wochenenden erlebt hatte.

Ergänzend muss ich noch erwähnen, dass ich in den letzten paar Jahren, wenn mich jemand darauf ansprach, warum ich mich nicht einfach komplett selbständig machte, dieses immer mit der „Ausrede" abgetan hatte, dass ich (als quasi Dauersingle) ja keinen Partner hätte, der mich finanziell auffangen würde, falls mein Konzept nicht aufginge. Tja, und nun – kaum dass ich diesen Glaubenssatz für mich beerdigt hatte, weil es ja quasi nur noch eine Frage der Zeit war, meinen Job aufzugeben – machte es sich das Universum anscheinend ziemlich einfach. Mir schien, als dachte es sich, wenn sich zwei Menschen am gleichen Ort das gleiche wünschen, könnte es ja auch gleich kurze Wege geben. Denn anscheinend hatte sich zeitgleich mit mir im Tempel noch jemand so etwas gewünscht. Und so wurde mir in diesen Tagen und insbesondere für eines dieser „Spielchen", in denen man sich zwanzig Minuten oder länger wortlos in die Augen schaut, sprichwörtlich Johannes vor die Nase gesetzt beziehungsweise ich ihm. Ein nachhaltiges Erlebnis, denn irgendwie funkte es bei uns beiden. Auch wenn es noch ein paar Wochen dauerte, bis wir – jeder für sich – herausfanden, was wir eigentlich wollten und dies auch formulieren konnten.

Im Nachhinein war der Beginn unserer Beziehung ein toller Auftakt für das Jahr 2012, frei nach den Worten der deutschen Gruppe Rosenstolz: „Manchmal sind die Dinge gar nicht so, wie man sich's vorgestellt hat, sondern besser"[38]. Denn mit Johannes und der moralischen Unterstützung, die er mir zukommen ließ, wurde mir quasi ein weiterer personifizierter (Weihnachts-) Engel an die Seite gestellt. Sein großes Verständnis für meine Situation war zu einem Großteil darin begründet, dass er in der Vergangenheit bereits einen ähnlichen Schritt gemacht hatte, wie ich ihn jetzt vorhatte. Dennoch: Wenn ich es nicht selbst erlebt hätte, hätte ich es mir nicht vorstellen können, wie emotional anstrengend es sein kann, eine quasi alltägliche Handlung zu vollziehen, wie die, eine Unterschrift unter ein Stück Papier zu setzen. Auch wenn es sich nicht um ein alltägliches Stück Papier, sondern um ein richtungsweisendes handelte. In den Tagen davor war ich wirklich zu nicht vielem anderen zu gebrauchen.

Aber gehen musste ich meine Schritte natürlich trotz des Rückhaltes selbst, auch wenn das natürlich bekanntermaßen leichter ist, wenn man jemanden an seiner Seite hat, der einem (bildlich gesprochen) nicht noch zusätzliche Steine auf die Schultern legt. Oder womöglich auch noch selbst getragen werden wollte, wie ich es in der Vergangenheit auch schon erlebt hatte…

Jedenfalls, nachdem ich meine Entscheidung, mich von meinem Arbeitsplatz trennen zu wollen, gegenüber meinen Vorgesetzten zum Ausdruck gebracht hatte, war die Luft und die Motivation zum Arbeiten (die vorher irgendwie noch immer vorhanden war) raus. Vielleicht war es aber auch nur mein ziemlich tief sitzendes Pflichtbewusstsein.

---

[38] Aus: Ich geh in Flammen auf, Album „Das große Leben"

Denn obwohl ich ja eigentlich schon im Jahr 2008 das erste Mal darüber geredet hatte, gehen zu wollen, war und bin ich im Nachhinein froh, dass der Abschied „so lange" gedauert hat. Denn wie mir mittlerweile klar geworden war, wäre es zu dem früheren Zeitpunkt eher aus der Motivation heraus gewesen, vor den Problemen meines Arbeitsumfeldes flüchten zu wollen, und in solchen Fällen trifft man bekanntermaßen in seinem neuen Umfeld ohnehin wieder auf dieselben Themen.

Durch mein Bleiben jedoch hatte ich in den drei Jahren, die seitdem vergangen waren, neben meinem eigenen damaligen noch ein paar weitere Blickwinkel auf die Arbeit und die Welt dazu gewinnen können. Schrittweise hatte ich erfahren und erlebt, dass ich zwar die Dinge und Personen um mich herum nicht ändern konnte, aber ich konnte meine Einstellung dazu verändern. Insofern ähnelte das ganze irgendwie einem Labyrinth, in dem man auch den ganzen Weg gehen muss, um ans Ziel zu gelangen und dabei mit jeder zurück gelegten Windung in Richtung der Mitte diese immer aus einer anderen Perspektive zu sehen bekommt. Um die ich mich selbst kräftig beraubt hätte, wenn ich quasi als Abkürzung einfach über die Linien oder Markierungen gestiegen wäre bzw. schon vor vier Jahren aus den falschen Motiven heraus gegangen wäre...

Deshalb war jeder einzelne Tag und jeder einzelne Schritt wichtig für mich gewesen, auch wenn sie teilweise wirklich schmerzhaft gewesen waren. Denn lange Zeit hatte ich mir – wenn ich ehrlich bin – so etwas wie eine Wunschfee vorgestellt, die den Zauberstab schwingt und danach ist alles anders oder besser. Nun hatte ich erkannt, dass das Leben sich selten auf „Knopfdruck" zum Positiven verändert, sondern das ganze ein Prozess ist – ein Prozess mit Fortschritten und Rückschlägen und wieder neuen Fortschritten. Bei mir hat das Ganze ungefähr fünf Jahre gedauert – und dauert auch immer noch an.

Wichtig ist, sich auf seinem Weg nicht entmutigen zu lassen. Das erfordert Dranbleiben und Geduld – wie ein kleines Kind, das Hunderte von Malen hinfällt und immer wieder neu versucht, wenn es laufen lernt.

Die folgenden Wochen und Monate verbrachte ich damit, die bisher von mir betreuten Aufgaben und das dazugehörige Wissen auf meine Nachfolger zu übergeben – so gut wie es in der Kürze der Zeit eben möglich war. Obwohl ich nach außen hin einen relativ entspannten Eindruck vermittelte, tobte in meinem Inneren jedoch eine wahre Achterbahnfahrt der Gefühle. Zweifel und die positive Gewissheit, das Richtige zu tun, wechselten in kurzen Abständen, ebenso wie auch die Reaktionen meiner Kollegen auf die Verkündigung meines Abschiedes (die von völligem Unverständnis bis hin zu so etwas ähnlichem wie Bewunderung reichten) sehr vielfältig waren. Aber es war ja MEIN Leben, das ich von nun an leben wollte, und ich würde mich für das was ich tat vor niemand anderem rechtfertigen müssen als vor mir selbst und vor „Dem da oben".

Den Gedanken, dass im „schlimmsten Fall", der mir nun passieren konnte, nämlich dass mein Existenzgründungskonzept nicht aufging, ich mir immer noch in drei Jahren wieder eine Festanstellung suchen könnte, fand ich recht tröstlich. Von den Erfahrungen würde ich immerhin nicht dümmer, sondern nur reicher. Und schließlich hätte ich es wenigstens versucht, meinen Lebenstraum zu erfüllen, anstatt es später zu bereuen, es nicht einmal gewagt zu haben.

Die Unternehmerin – oder: Der Sprung ins kalte Wasser...

Für meinen Ausstand von der Arbeit wählte ich den 08.05.2012 – numerologisch gesehen ein Tag des Wandels oder der Vollendung. Bereits in den Tagen zuvor schrieb ich Abschiedsmails an viele der Kollegen, mit denen ich im Laufe meines fast vierzehnjährigen Arbeitslebens zusammengearbeitet hatte – was ziemlich viele waren. Ich freute mich über die Wünsche und das teilweise sehr positive Feedback, was ich von manchen Kollegen zurückbekam. Dennoch war es ein komisches Gefühl, meinen Schreibtisch zu räumen und alle möglichen gewohnten und gewöhnlichen Dinge „zum letzten Mal" zu tun (wie beispielsweise zum letzten Mal in die Kantine gehen, das Büro betreten, in den benachbarten Park gehen ...)

Gleichzeitig war mir auch bewusst, dass ich in der nun folgenden Zeit vermutlich mindestens genauso viele Dinge (wieder) „zum ersten Mal" tun würde, zur Arbeitsagentur gehen beispielsweise, oder einen Businessplan zu schreiben, bei dem es an mir lag, ihn mit Leben zu befüllen.

Natürlich hätte ich bei so vielen neuen „ersten Malen" so etwas wie Unsicherheit empfinden können. Doch dank der verschiedenen Rucksack-Reisen, die ich in den vergangenen paar Jahren gemacht hatte, hatte ich nicht nur üben können, mit Unbekanntem und Unerwartetem umzugehen. Hatte ich nicht nur Land, Leute, Kultur und Essen meiner Reiseziele kennengelernt, sondern ich hatte auch gesehen, mit wie wenig man im Zweifelsfall auskommen kann. Und vor allem hatte ich gesehen, wie herzlich und fröhlich die Menschen dort meistens trotzdem, dass sie mit wenig auskommen müssen, waren.

So konnte ich auch diesen Schritt ins Ungewisse, bei dem ich zumindest vorübergehend mit deutlich weniger finanzieller Sicherheit auskommen müsste als als Angestellte, auch als großes Abenteuer betrachten. Ein Abenteuer, das Leben zu entdecken, das es außerhalb der mir bisher bekannten Gewässer noch gibt.

Seit diesem Tag hieß es für mich also Schwimmen. Zum Zeitpunkt des Schreibens der ersten Auflage dieses Buches konnte ich noch nicht genau sagen, wie (gut) das funktionieren würde. Zwar folgte ich eine ganze Weile dem Motto von Schauspielern im Improvisations-Theater: „Ich weiß noch nicht genau, was es wird, aber ich fang einfach mal an".

Dazu passend fand ich dieses Zitat von Sergio Bambaren[xi]

> Es kommt eine Zeit im Leben,
> da bleibt einem nichts anderes übrig,
> als seinen eigenen Weg zu gehen.
> Eine Zeit, in der man die eigenen Träume verwirklichen muss.
> Eine Zeit, in der man endlich für die eigenen Überzeugungen eintreten muss.

Also, Leinen los und Segel setzen. Aufbrechen zu neuen Ufern. Träume verwirklichen. Mein Leben, ich komme!

Nachtrag 2016...

Zum Glück wusste ich damals noch nicht, wie lang der Weg sein, und viele unerwartete Hindernisse auf mich warten würden. Dennoch erwarteten mich unzählige Gelegenheiten, immer wieder Neues über mich selbst herauszufinden. So reflektierte ich beispielsweise, in welchen Aspekten ich gern mit einer bestimmten Art Mensch zusammenarbeite, oder eben auch nicht. Zu welchen Zeiten und an welchen Orten ich arbeiten möchte – oder auch gerade nicht. Nicht zu vergessen die vielfältigen Gelegenheiten, in denen ich meine Komfortzone verlassen musste, um Dinge zu tun, die eben getan werden müssen, wenn das Geschäft bzw. meine angestrebte Zielsetzung es erforderte – z. B. wenn ich eine Kaltakquise durchführen oder eine Rede halten musste, was ich bis zu dem Zeitpunkt jahrelang erfolgreich vermieden hatte.

Übrigens wusste auch Kolumbus noch nicht, wo er landen würde, als er Spanien verließ, um nach China zu segeln. Aber eines ist klar: Er wäre niemals dorthin gelangt, wenn er die Möglichkeit in Betracht gezogen hätte, beim kleinsten Anflug eines Sturmes von Bord zu gehen[39]...

Letztlich hat sich vieles in den letzten vier Jahren in der Realität ganz anders dargestellt, als ich es mir damals ausgemalt habe. Dennoch habe ich – und das sage ich auch immer genau so, wenn ich gelegentlich danach gefragt werde –den Schritt aus meinem hierarchisch strukturierten Großkonzern nicht einen Tag bereut.

Zwar würde ich lügen, wenn ich abstreiten würde, dass das gute, regelmäßige Einkommen mit den mehr als 12 Monatsgehältern nicht durchaus seinen Charme hat. Für mich steht es aber dennoch in keinem guten Verhältnis zu den damit verbundenen Rahmenbedingungen, die einfach nicht meinen Werten entsprechen: Angefangen von den Arbeitszeiten über die Tatsache, dass gerne mal Anwesenheit und Leistung verwechselt werden bis hin zu der Art und Weise wie Menschen voneinander reden und miteinander umgehen.

So ist mein Leben in vielerlei anderer Hinsicht als der materiellen reicher geworden: Reicher an innerer Zufriedenheit & Gelassenheit, reicher an Chancen und Möglichkeiten, die sich mir seitdem angeboten haben sowie reicher an Lebensentwürfen und -einstellungen, die ich seit dem kennenlernen durfte. Nicht zuletzt auch reicher und vielfältiger an Begegnungen mit vielen tollen Menschen und ihren verschiedenen Backgrounds.

Und das sind meiner Erfahrung nach, die Momente, uns die auch in Jahren noch in Erinnerung bleiben werden – und die somit im Rückblick das Leben ausmachen werden.

---

[39] Frei nach: Charles Kettering

Nachwort

Natürlich bleibt noch zu sagen, dass es DEN Jakobsweg nicht gibt. Jeder von uns startet von einem unterschiedlichen Startpunkt und jeder verbringt oder benötigt unterschiedlich viel Zeit, um zum Ziel zu gelangen. Vielleicht (aber auch nur vielleicht) hat jeder das gleiche Ziel...

Dennoch ist der Jakobsweg ein wunderbar-gnadenloser Spiegel – denn jedem spiegelt er in gewisser Hinsicht sich selbst, wer er ist. Wenn man sich der ehrlichen Reflexion denn stellt und hinschaut. Mir selbst hat mein „Spiegelbild" damals zu denken gegeben. Es fiel mir schwer, mich so anzunehmen, wie ich damals war. Doch nur im Annehmen dessen, was ich in dieser Zeit erkannte, hatte ich die Möglichkeit, etwas zu ändern.

Letztendlich bin ich mittlerweile zu der Überzeugung gekommen, dass die Antwort zu finden auf die Frage, wer ich bin, DER Prozess ist, den man auch als Leben bezeichnen – und dass seit meinem eigenen Camino dieser Prozess überhaupt erst so richtig initiiert wurde.

Auch wenn ich damals die Aussage: „Das Schwierigste am Jakobsweg ist der Weg zurück ins Leben" so verstanden hatte, dass damit der Weg zurück in den Alltag bzw. in das alltägliche Leben gemeint ist. Heute – also etwa sechs bis neun Jahre später – weiß ich, dass ich seit meinem Camino überhaupt erst den Weg zurück in MEIN Leben gehe.

Rückblickend war für mich der Jakobsweg somit ein Wendepunkt in meinem Leben. Wie ich weiter oben schrieb, war ich anfangs mit dem Gefühl, nach meiner Rückkehr wie „im falschen Film" zu sein, völlig überfordert. Damals hatte ich weder jemanden, den ich dazu fragen konnte, noch wusste ich, woher ich überhaupt Unterstützung dafür finden sollte. Daher dauerte es – wie Sie gerade nachgelesen haben – ziemlich lange und bedurfte vieler Umwege, bis sich überhaupt substanziell eine Veränderung in meinem inneren und äußeren Leben abzeichnete.

Ich habe einige wichtige „Zutaten" für mich entdeckt, um diese Veränderungen in mein Leben zu bringen. Deshalb möchte ich Ihnen hier die drei wichtigsten nennen:

1. **Erinnern Sie sich auch in Deinem Alltag immer wieder an Ihre „Vision" vom Jakobsweg**

Auf meinem Jakobsweg hatte ich diesen einen ganz besonders intensiven Moment auf der Blumenwiese kurz nach dem Cebreiro. Dieser Moment berührt mich auch heute noch zutiefst, wenn ich mich daran zurück erinnere[40]. Leider war dieser Moment nach meiner Rückkehr im Alltag wieder ganz schön schnell vor lauter Tagesgeschäftigkeit in Vergessenheit geraten.

Bis ich es mir zum Ritual machte, mich regelmäßig mindestens einmal in der Woche an diesen Moment zu erinnern und zu visualisieren. Wenn Sie ein Foto von diesem Augenblick haben oder gut malen können, geht das ganz einfach, z. B. in dem Sie dieses Bild als Bildschirmschoner oder -hintergrund einrichten oder es sich an einen anderen Ort gut sichtbar an die Wand hängen. Ganz wichtig dabei ist natürlich auch, dem Bild und dem, was Sie damit verbinden, einen Titel zu geben. Zum Beispiel „Begegnung" oder „Freiheit" oder „Gott" oder was auch immer. Das wird Ihnen helfen, diesen Moment nicht mehr nur vor dem inneren Auge zu haben, sondern quasi auch den Weg dorthin schon direkt vor sich zu sehen.

2. **Erinnern Sie sich an das, was der Jakobsweg Ihnen gespiegelt hat**

Das ist natürlich möglicherweise etwas unbequem. Bei mir waren das mehrere Punkte. Zum Beispiel das ewige Durchgeplant sein, was bedeutete, dass ich damals keinen (oder wenig) Raum für Unvorhergesehenes in meinem Leben hatte. Ein sehr labiles Gleichgewicht meistens, das schon durch Kleinigkeiten erschüttert zu werden drohte. Darauf folgte dann nämlich häufig eine Phase des wilden Aktionismus,

---

[40] Über diesen Moment berichte ich in Folge 003 meines Podcast, die Sie hier anhören können: http://wegzurueckinsleben.libsyn.com/folge-003-was-ist-denn-eigentlich-ein-oder-dein-jakobsweg-moment

mit dem Ziel, die Situation vermeintlich wieder „in Griff" zu bekommen. Das war auch nach meiner Rückkehr auch noch eine ganze Weile so, aber je mehr ich lernte, auf meine innere Stimme zu hören, desto besser ging es mit der Zeit.

3. Setzen Sie Ihre Erkenntnisse auch konsequent in Ihrem Leben um.

Dranbleiben heißt das Zauberwort. Oh je, jetzt wird es noch unbequemer. Aber es muss ja nicht immer gleich sofort der große unmittelbare Schnitt sein, wie einen gutbezahlten Job hinzuwerfen oder sich von seinem Partner zu trennen (um mal zwei der etwas radikaleren Beispiele zu nennen). Mitunter erweist sich so etwas später als übereilt (hängt aber natürlich davon ab, wie risikofreudig Sie insgesamt in Ihrem Leben sind oder was Sie glauben, „verlieren" zu können).

Für mich war es damals völlig ausreichend, Schritt für Schritt die eine oder andere Kleinigkeit in meinem persönlichen Tun und Wirken zu verändern. Meinem Umfeld fiel es damals auf. Vielleicht nicht bewusst formulierbar, aber doch zumindest unbewusst. So entstand für mich auch in vermeintlich alten Settings die Möglichkeit für neue Begegnungen oder neue Lösungen, von denen ich zuvor gar nicht erwartet hätte, dass es sie gibt. Irgendwann verabschiedete sich das alte, nicht mehr passende Setting ganz von alleine von mir.

Outtakes

Wie das Schicksal es so wollte, ergab es sich, dass ich im Herbst 2013 ein weiteres Mal auf dem Jakobsweg unterwegs war – dieses Mal allerdings auf einer anderen Strecke und sogar zu Fuß. Eines Nachts lag ich schlaflos und mit Schmerzen in einer Pilgerherberge im Bett, als mich ein Geistesblitz traf. Um mit meiner inneren Unruhe niemanden zu stören, stand ich auf, ging ins Erdgeschoss in die Gemeinschaftsküche der Herberge und fing an, die Ideen, Erkenntnisse und Gedanken aus meinem Hirn auf das Papier meines Tagebuches zu schreiben. Was eine ziemlich „komische" Aktion war, denn alle paar Minuten ging das zeitgeschaltete Licht aus, was mich dazu zwang aufzustehen, im Dunkeln ein paar Schritte zu machen und mit den Armen zu winken, bis das Licht – dem Bewegungsmelder sei Dank – wieder anging. Aus

Die Etappen NACH dem Jakobsweg

diesen Notizen entstand der Grundstein für mein zweites Buch mit dem Titel „Den Jakobsweg ist Leben nehmen"
(ISBN 9-783-7347-7638-0).

So ein Buch hätte ich mir 2007 nach meiner Rückkehr vom Camino gewünscht, um ein wenig Unterstützung zu haben, um mich aus dem „falschen Film", in dem ich mich damals wiederfand, quasi wie an einem Geländer entlang hangeln zu können. Um zu dem Leben, zu der Vision zu gelangen, die sich mir auf dem Jakobsweg offenbart hatten.

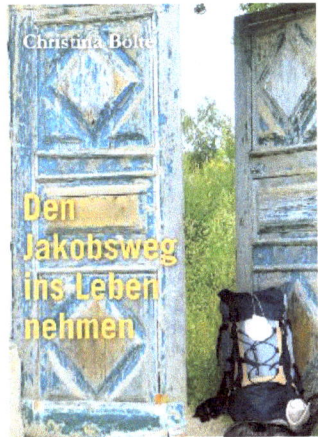
Abbildung 3: Cover: Den Jakobsweg ins Leben nehmen

Weil es so etwas damals nicht gab, musste ich es wohl selbst schreiben. Möge es bei Ihnen, liebe Leserin, lieber Leser, Unterstützung und Klarheit zu einem „neuen" Weg geben, und zwar schneller und kürzer als in fünf Jahren!

Ganz gleich, wie lange dieser Prozess möglicherweise dauert, das Wichtigste sind – wie ich finde – die vielen „Umwege", die ich NICHT bin, dennoch genießen (oder zumindest jedoch annehmen) zu können. Denn sowohl auf dem Jakobsweg (als auch in einem Labyrinth) als auch im Leben gilt: Der Weg ist das Ziel!

Wenn Sie nun neugierig geworden sind, auf den Camino, auf das Leben, auf sich selbst oder wie Sie selbst aus einem Burnout zurück ins Leben gelangen können: Sprechen Sie mich gerne an, schreiben Sie mir oder gehen Sie mit mir, ich begleite Sie gern. Auch auf dem Camino...[41]

In diesem Sinne: Ultreya!

---

[41] Weitere Informationen und Kontaktdaten finden Sie auf den Seiten 173 ff.

Burnout – Vom Jakobsweg zurück ins Leben

Anmerkung:

Auch wenn es sich bei diesem Buch um eine Autobiografie handelt – ein wenig künstlerische Freiheit sei erlaubt. Und so habe ich – neben einigen anderen Gegebenheiten – vor allem zum Schutz der Privatsphäre meiner Mitmenschen deren Namen verändert.

Nicht zu vergessen – es handelt sich bei meinen Schilderungen immer um meine eigene Perspektive.

TEIL 2: Fachlicher Glossar

Glossar und Erklärungen zum Thema Burnout

Erklärung des Begriffs Burnout

Ein Burnout-Syndrom ist eine vollkommene Erschöpfung, sowohl auf körperlicher, als auch auf emotionaler und geistiger Ebene. „Syndrom" bedeutet, dass es unterschiedliche Auswirkungen auf Körper, Geist und Seele gibt, die individuell gänzlich unterschiedlich sein können.

Der Begriff „Burnout" (von englisch burn out: ‚ausbrennen' bzw. ‚Ausgebrannt sein') wurde erstmals Mitte der 1970er Jahren von Herbert Freudenberger geprägt, der das Phänomen im Zusammenhang mit Angehörigen von Pflegeberufen beobachtete. Es gilt jedoch mittlerweile als anerkannt, dass alle Berufsgruppen, von Managern über Lehrer, Feuerwehrleute und Hausfrauen bis hin zu Arbeitslosen, Schülern und Studenten vom Burnout-Syndrom betroffen sein können.

Dabei ist es trotz jahrzehntelanger Versuche bisher noch nicht gelungen, zu einer einheitlichen Definition zu gelangen. Auch heute noch gibt es häufige Diskussionen darüber, ob Burnout als Stress-Syndrom (mit mehreren heterogenen Symptomen), als Prozess selbst mit regelhaften Phasen oder als Endzustand dieses Burnout-Prozesses selbst zu betrachten ist. Letztlich ist Burnout sowohl als Zustand als auch als Prozess zu sehen.

Da es in den Medien regelmäßig Diskussionen über Begriffe in Zusammenhang mit „Burnout" gibt, erscheint es mir sinnvoll, an dieser Stelle ein paar Definitionen und begriffliche Abgrenzungen darzustellen:

Burnout – Vom Jakobsweg zurück ins Leben

Anpassungsstörung:
tritt nach einer Belastung auf, zum Beispiel durch Krisen am Arbeitsplatz oder in der Familie/ Partnerschaft oder eine persönliche Betroffenheit durch Tod oder Unglücksfälle von nahestehenden Menschen, aber auch nach Unfällen oder z. B. Raub. Im Unterschied zu Stress (siehe weiter unten), mit dem sie häufig verwechselt wird, hat diese jedoch immer einen längeren Zeitaspekt. Allerdings dauert diese im Normalfall nicht länger als sechs Monate.

Als Symptome können dabei depressive Verstimmungen (s. u.), Angst, Gedankenkreisen oder gesteigerte Sorge auftreten, aber auch Störungen des Sozialverhaltens und das Gefühl, mit alltäglichen Gegebenheiten nicht mehr zurechtzukommen oder diese nicht mehr fortsetzen zu können. Betroffene äußern in solchen Situationen dann oft das Gefühl, „am Ende" zu sein oder nicht mehr zu können, was zwar ähnliche Symptome wie ein Burnout (s. u.) zeigen kann, aber einen anderen Hintergrund hat.

Burnout-Syndrom:
ist eine emotionale, körperliche, psychische und soziale Erschöpfung über einen längeren Zeitraum. Als „Syndrom" wird dabei in der Medizin und Psychologie eine „Gruppe von Krankheitszeichen"[42] bezeichnet, deren ursächlicher Zusammenhang mehr oder weniger bekannt ist oder zumindest vermutet werden kann. Die verschiedensten Auswirkungen auf Körper, Geist und Seele, die Symptome können dabei individuell total unterschiedlich sein.

Ursache der Erschöpfung ist meist eine andauernde Belastungssituation (worin diese auch immer bestehen mag). Eine ganze Weile funktioniert es noch, diese Belastung durch Verschieben von Prioritäten oder Anpassung von Verhaltensmustern zu kompensieren. Allerdings passiert dies unbewusst häufig in der Form, dass eigene Bedürfnisse verdrängt und unterdrückt werden.

---

[42] Pschyrembel Klinisches Wörterbuch Online, abgerufen am 24.02.2015

Offiziell[43] ist ein Burnout-Syndrom keine Krankheit, hat aber zumeist eine Depression und oft psychosomatische Beschwerden zur Folge, so dass neben diesen Burnout meist als „Zusatzdiagnose Z73" gestellt wird. Eine therapeutische Behandlung ist aber in jedem Fall angeraten, denn die Diagnose-Ziffer Z73 bezeichnet einen Zustand der noch nicht ganz krank aber auch nicht mehr gesund ist.

Depression:
ist eine Erkrankung mit dem Schwerpunkt auf Zuständen gedrückter Stimmungen, Niedergeschlagenheit, Antriebslosigkeit, Leistungsfähigkeit, Interessensverlust sowie dem Verlust von Selbstwertgefühl und Freude. Sie reicht dabei in der Schwere von leichten depressiven Verstimmungen über verschiedenen Stufen leichter bis schwerer und wiederkehrender Episoden.

Eine Depression hat immer mehrere Ursachen, oft ist eine Depression auch Folge eines nicht behandelten Burnout-Syndroms und einer Anpassungsstörung oder tritt als Reaktion auf ein belastendes Ereignis auf, wie beispielsweise Tod einer nahestehenden Person, Trennung, Jobverlust oder Umzug, auch wenn diese bereits eine Weile zurück liegen. Sie kann jedoch auch körperliche Ursachen haben (z. B. eine nicht erkannte Anämie, eine Schilddrüsen-Erkrankung oder andere hormonelle Verschiebungen, aber auch Vitamin- und Nährstoff-Mangel).

Eine Depression sollte daher immer von Fachärzten behandelt werden. Neben einer möglicherweise notwendigen medikamentösen Behandlung wird parallel auch immer eine psychotherapeutische Begleitung oder eine Begleitung durch einen Balance-Lotsen® empfohlen.

Erschöpfung:
beschreibt Ermüdungszustände mit Minderung der physischen und/ oder psychischen Leistungsfähigkeit. Sie kann aber auch Hinweis auf körperliche Mangelzustände z. B. im Hormonsystem oder Elektrolyt-Haushalt sein, oder auf z. B. eine Schilddrüsenerkrankung oder das „Chronische Erschöpfungssyndrom" (*chronic fatigue syndrome*, CFS).

---

[43] Lt. ICD-10

Das Burnout-Syndrom und das „CFS" sind anfangs nicht sauber therapeutisch voneinander zu trennen.

Psychosomatik:
ist das Zusammenwirken von Körper und Seele. Es ist leicht nachzuvollziehen, dass körperliche Erkrankungen das psychische Wohlbefinden beeinflussen können. Sei es, weil jemand wegen permanenter Schmerzen nur noch eingeschränkte Lebensfreude erlebt, oder dass jemand unter einer sichtbaren Erkrankung, z. B. der Haut, leidet, auf die er andauernd angesprochen wird und wegen der er das Gefühl hat, sich rechtfertigen zu müssen. Genauso kommt es auch vor, dass Menschen wegen der ungünstigen Prognose z. B. einer Krebserkrankung depressiv werden.

Dennoch funktioniert diese wechselseitige Beeinflussung zwischen Körper und Seele auch andersherum, nämlich dadurch, dass psychische Ursachen auch für körperliche Symptome oder gar Erkrankungen verantwortlich sein oder diese fördern können. Solche Verflechtungen von körperlichen Beeinträchtigungen aufgrund von seelischen Ursachen bezeichnet man als **psychosomatisch** (seelisch-körperlich).

Häufig können bei einem solchen Seele-Körper-Zusammenhang durch den behandelnden Arzt keine körperlichen Ursachen festgestellt werden, oder die ausschließlich körperliche Behandlung führt nicht dauerhaft zum Verschwinden der Symptome. So bleiben solche Erkrankungen oftmals jahrelang unerkannt, und viele Betroffene sind oftmals völlig verzweifelt, weil sie sich selbst für „unheilbar" halten, oder sie manchmal von anderen als „Simulanten" betrachtet oder sogar als solche bezeichnet wurden.

Wichtig ist jedoch, dass zunächst alle anderen möglichen körperlichen Ursachen erfolgreich behandelt oder diagnostisch ausgeschlossen wurden, bevor das Etikett „psychosomatisch" ausgestellt wird.

Stress:
Aufgrund von speziellen Reizen, auch Stressoren genannt, werden beim Menschen psychische und physische Reaktionen, wie die Ausschüttung von Stresshormonen, ausgelöst. Diese ermöglichen es uns,

besondere Anforderungen zu bewältigen. Diese Hormonausschüttung dauert im Normalfall immer nur einen kurzen Zeitraum, je nach Hormon manchmal nur Sekunden.

Wenn jedoch dauerhaft Hormone ausgeschüttet werden, hat dies langfristig eher nachteilige Auswirkungen für den Körper. Deshalb wollen wir uns mit dem Stress genauer beschäftigen.

Die Auswirkungen von Stress

Ursachen und Entstehung des Burnout-Syndroms werden durch die Stressforschung nach Hans Selye erklärt. Als Stress bezeichnet man die starke Belastung eines Organismus durch innere oder äußere Einwirkungen (auch Stressoren genannt). Dabei ist es unerheblich, ob diese physiologischen Ursprungs sind (wie Hunger, Verletzung, Krankheit, körperliche Überlastung, Lärm- oder Strahlenbelastung) oder psychologischer Natur (z. B. Verlust eines lieben Menschen wie auch Kontroll-Verlust, Bedrohung und ähnliches, also Existenzangst oder Blamage).

Körperliche Beschwerden

Dauern diese Belastungen über einen längeren Zeitraum an, kommt es zu einer dauerhaften Ausschüttung von Stresshormonen. In der Folge kommt es zu einer Reihe von körperlichen Symptomen. Psychosomatische Auswirkungen können langfristig verschiedene Organsysteme betreffen:

- das **Muskel- und Skelettsystem** (z.B. schmerzhafte Muskel-Verspannungen oder -Entzündungen, Rücken- oder Nackenschmerzen sowie Rheuma),
- die **Haut** (z.B. Allergien, Neurodermitis oder Herpes),
- den **Magen-Darm-Trakt** (z.B. Magenschleimhautentzündungen, Appetitlosigkeit, Sodbrennen, starke Gewichtszu- oder –abnahme, Gallenwegerkrankungen, oder andere Verdauungsprobleme),
- das **Immunsystem** mit einer Schwächung der Widerstandskraft und häufigen Erkältungskrankheiten,
- das **Herz-Kreislauf-System** (z.B. Bluthochdruck, Herzstechen und –rasen, Begünstigung von Herzinfarkt oder Schlaganfall),

- das **Atmungssystem** (z.b. häufige Erkältungskrankheiten, Asthma, Hyperventilation), oder auch
- das **Nervensystem** (z.b. Gürtelrose, Neuralgien, Kopfschmerzen, Tinnitus oder Migräne, aber auch Schlafstörungen).

Verhaltens-Änderungen

Daneben kommt es aber auch zu Änderungen im Verhalten. Diese geschehen meistens schleichend, so dass sie einem selbst oder dem direkten Umfeld zumeist erst sehr spät auffallen.

- Gestresste Menschen sind häufig sehr erschöpft, nicht nur körperlich, sondern auch emotional („liegt nur noch auf dem Sofa")
- Später neigen sie dann zu Schwermütigkeit und es ist, als ob sie das Lachen verlernt hätten. Darüber hinaus kommt es zu einem sozialen Rückzug („Kapselt sich ab")
- Betroffene sind häufig nicht besonders kritikfähig oder diskussionsfähig, da sie dies als persönlichen Angriff wahrnehmen (eine Unterscheidung zwischen sachlicher und persönlicher Kritik ist nicht möglich)
- Außerdem verhalten sie sich häufig sehr aggressiv, mitunter auch cholerisch, (evtl. auch gegen sich selbst) oder sie fahren wegen Nichtigkeiten aus der Haut. Sensiblere Menschen brechen evtl. häufig auch wegen Kleinigkeiten in Tränen aus („nah am Wasser gebaut").
- Betroffene sind zumeist nicht mehr verlässlich (d. h. unpünktlich, unverbindlich) und wirken häufig zerstreut oder schusselig
- Ebenso sind sie nicht mehr motiviert, sondern es handelt sich eher um ein „Funktionieren"
- Aus Unsicherheit und/oder Scham wegen ihres Zustandes kommt es zu einer leisen und schwachen Stimme

Neben den äußeren Stressoren, die oben genannt sind, kann aber auch **innerer Stress** diese fortwährende Ausschüttung von Stresshormonen bewirken. Stress von „Innen", also psychischer Stress, entsteht durch **falsche Sichtweisen** im Kopf des Betroffenen, also wenn man zu lange die **eigenen Bedürfnisse und Ziele vernachlässigt**, weil man sich die Wünsche und Angelegenheiten anderer Menschen zu eigen gemacht hat. Oder weil man die **Prioritäten falsch setzt** und dadurch die Achtsamkeit für sich selbst verliert. Oder wenn man sich innerlich andauernd in einem Alarmzustand befindet, weil man (begründet oder unbegründet) überall Probleme sieht und sich deswegen über alles oder jeden ärgert.

Im ersten Teil des Buches konnten Sie eine solche Entwicklung und die Entstehung eines Burnouts gut miterleben. Neben den oben erwähnten Faktoren hat bei mir sicherlich auch dazu beigetragen, dass ich mich auch körperlich nicht geschont habe und dabei häufig auch über meine eigenen Grenzen gegangen bin. Anstatt in meiner Freizeit einen Ausgleich zu meiner anstrengenden, kopflastigen, strukturierten und leistungsorientierten Arbeit zu suchen, hatte ich – wenn auch mehr auf der körperlichen Ebene – durch die ständige Action und mit meinen Hobbies Rennradfahren oder Mountainbiken so noch mehr vom Selben, nämlich Wettbewerb und Überbeanspruchung. Meine kreative, künstlerische und spielerische Seite, die einen guten Ausgleich geboten hätte, lag somit sowohl im Beruflichen wie in meiner Freizeit völlig brach.

So ist es letztendlich auch beim Autofahren nicht anders, dass ein Motor leicht ausbrennt, wenn er über sehr lange Zeit mit sehr hohen Drehzahlen gefahren wird, womöglich noch ohne gutes Öl oder ohne Wartung.

Darüber hinaus kann ein andauernder innerer psychischer Stress aber auch bestehende Beschwerden oder Empfindlichkeiten verstärken, das Immunsystem schwächen und so das Auftreten von häufigen Erkältungskrankheiten oder anderen Erkrankungen begünstigen. Aber natürlich funktioniert das auch umgekehrt: Wer ein hohes Selbstvertrauen hat oder ein unterstützendes soziales Umfeld, das an ihn glaubt, ist wie ein Stehauf-Männchen in der Lage, Lebenskrisen gut zu überstehen und sogar gestärkt daraus hervor zu gehen.

In der Psychologie wird dies als **Resilienz** bezeichnet: die Widerstandsfähigkeit eines Menschen, mit „Störungen" oder schwierigen Situationen wie lange Arbeitslosigkeit, schweren Krankheiten, Verlust von nahestehenden Menschen oder Ähnliches ohne anhaltende Beeinträchtigung durchzustehen. So hat ein resilienter Mensch weniger körperliche Probleme.

Zeichen einer guten Resilienz ist übrigens auch die Fähigkeit, über eigene Gefühle zu sprechen, Schwächen zugeben zu können und andere eher um Hilfe zu bitten. Inwieweit die Gene dabei eine Rolle spielen, wird kontrovers diskutiert.[44]

Psychischer Stress

Äußere Stressfaktoren lassen sich noch vergleichsweise leicht erkennen und abstellen, auch wenn das oft zu Konsequenzen führt. Bei inneren Stressfaktoren ist das Erkennen meistens deutlich schwerer. Denn hier gilt es zunächst herauszufinden, wie und wodurch sich ein Betroffener unter Druck gesetzt fühlt und welche inneren Einstellungen, Verhaltensweisen, Ziele oder Prägungen dafür verantwortlich sind.

Der Haken an der Geschichte...

Was von außen betrachtet alles ganz logisch klingt, hat allerdings einen schwerwiegenden Haken: **Der Betroffene selbst ist zumeist der Letzte, der zu der Erkenntnis kommt, dass dringender Handlungsbedarf besteht.** Trotz der Warnsignale seines Körpers und trotzdem, dass es ihm nicht gut geht.

Denn wir alle haben Verstand, der davon überzeugt ist, alles richtig zu bewerten. Für den es essentiell wichtig ist, das eigene Weltbild wieder „gerade zu rücken" – denn wenn das eigene Weltbild ins Wanken gerät, ist das im ersten Moment lebensbedrohlich, zieht uns den Boden unter den Füßen weg – und erzeugt so Panik. Deshalb ist unser Verstand stets bemüht, und die **selbstbezogenen Überzeugungen zu bewahren und zu bestätigen.**

---

[44] https://de.wikipedia.org/wiki/Resilienz_(Psychologie), Quellen: siehe dort

TEIL 2: Glossar & Anhang

Sicher kennen Sie das, wenn Sie ganz gemütlich Auto fahren – um Sie herum sind alles Raser, oder? Und wenn Sie es besonders eilig haben, meine Güte, müssen die anderen so kriechen? Genau diese Eigenart unseres Verstandes, die Dinge so zu bewerten, ist auch dafür verantwortlich, dass Einschätzungen, obwohl sie zu Stress führen, nicht erkannt und verändert werden.

Aus diesem Grund sind Burnout-Betroffene bis zuletzt der Ansicht, dass nicht sie ein Problem haben, sondern alle anderen. Dieses Gedankenkonstrukt wird in der Regel erst dann aufgegeben, wenn die körperlichen Symptome so schlimm geworden sind, dass es ihnen unmöglich ist, ihr normales Leben fortzuführen und sie somit zum Handeln zwingen.

Daher mein Appell an Sie: Wenn Sie in Ihrem Umfeld, am Arbeitsplatz, im Freundeskreis oder sogar in Ihrer Familie jemanden kennen, von dem Sie befürchten, dass er sich in einer Burnout-Situation befindet, sprechen Sie ihn an. Zeigen Sie sich besorgt, bieten Sie Unterstützung an. Ein offenes Ohr haben und zuhören, ohne zu werten, ist schon ziemlich viel Wert. Oder Sie helfen Ihrem Bekannten bei der Therapeutensuche – z. B. unter www.balance-lotsen.info.

Behandlungsmöglichkeiten

Ursachen wie auch Symptome sind bei Burnout-Betroffenen sehr unterschiedlich, so dass es keinen standardisierten Behandlungsverlauf gibt. Jedoch sollte eine ganzheitlich ausgerichtete Therapie sowohl auf körperliche Regeneration und Stabilisierung einerseits wie auch auf das Überdenken der zugrunde liegenden Gedanken- und Verhaltensmuster gerichtet sein.

Für die körperliche Regeneration des Betroffenen sind neben einer rein symptomorientierten Behandlung auch das Erlernen von Entspannungsverfahren (wie zum Beispiel die Progressive Muskelentspannung, Autogenes Training oder Yoga) geeignet, um die Beziehung des Betroffenen zu seinem eigenen Körper wiederherzustellen, respektive zu stärken. Die Atmung spielt hierbei eine ganz zentrale Rolle.

Burnout – Vom Jakobsweg zurück ins Leben

Da aber – wie dargestellt – bei psychosomatischen Erkrankungen körperliche und seelische Zustände häufig wechselseitig aufeinander einwirken, muss in der Regel auch eine Behandlung dieser beiden Bereiche parallel erfolgen, um sie dauerhaft in den Griff zu bekommen und so ein Wiederauftreten zu verhindern.

Während also der Arzt (oder auch ein Heilpraktiker) die körperlichen Auswirkungen der psychisch verursachten Erkrankungen medizinisch behandelt, ist es unbedingt erforderlich, dass der Betroffene gleichzeitig zusammen mit einem ganzheitlich arbeitenden Therapeut, einem Heilpraktiker, Psychotherapeuten oder auch einem Coach immer auch **die psychischen Ursachen, also die inneren Auslöser**, ermittelt und diese durch psychotherapeutische Maßnahmen bearbeiten.

Zusätzlich ist es aber unbedingt empfehlenswert, dass regelmäßig eine **Ausdauersportart** ausgeübt wird, um die im Körper angesammelten Stresshormone wirksam abzubauen. Bei der Auswahl der sportlichen Aktivitäten ist wichtig, dass es sich um gemäßigte Ausdauertätigkeiten wie Walking, Schwimmen oder Radfahren handelt, um den Körper nicht zusätzlich durch eine zu hohe, ungewohnte Belastung zu schwächen. Auch dabei spielt die Atmung eine ganz besondere Rolle. Darüber hinaus sollte es ein Kriterium sein, dass die gewählte sportliche Aktivität Ihnen Spaß bringt. Nur so bleiben Sie auch am Ball.

Bei sehr leistungs- oder auch wettbewerbsorientierten Menschen (wie ich es beispielsweise damals war) ist darauf zu achten, dass der **Sport ohne Leistungscharakter** betrieben wird, um die Prävention oder Behandlung optimal zu unterstützen. Ansonsten besteht die Gefahr, den Körper noch mehr zu belasten.

Bei meinem Pilgerweg auf dem Jakobsweg hatte ich dies alles intuitiv gemacht. Vor allem war da das aktive, ausdauernde Radfahren, verbunden mit einem Ziel, nämlich Santiago. Zum anderen gab es aber auch Entspannung – sowohl abends als auch in den Pausen. Durch die anhaltende Bewegung an der frischen Luft veränderte sich automatisch auch die Atmung. Im Gegensatz zur normalen „Schreibtisch-Atmung" wurde sie gleichmäßiger, bewusster und intensiver.

TEIL 2: Glossar & Anhang

Dazu kam natürlich noch – auch wenn dies nicht direkt beabsichtigt oder geplant war – die mentale Auseinandersetzung mit mir selbst. Aus der Hirnforschung ist bekannt, dass Bewegung die Merk- und Lernfähigkeit fördert, weil durch diese dieselben Hirnstrukturen aktiviert werden. Das erklärt auch, warum der Mensch gerade beim längeren Laufen oder Gehen, also die ursprünglichste Bewegungsform der Menschheit, in der Lage ist, besser zu reflektieren, besser nachzudenken. Für mich haben aber auch die gleichförmigen, regelmäßigen Tretbewegungen auf dem Fahrrad einen ähnlichen, fast schon meditativen Effekt gehabt.

Kostenübernahme

Da, wie oben erläutert, das Burnout-Syndrom gemäß dem ICD-10 keine eigenständige ‚Krankheit' mit eindeutigen diagnostischen Kriterien ist, sondern lediglich eine ‚nicht kassenfähige Zusatzdiagnose', können Ärzte ihre Leistungen bei der „Diagnose" des Zustands „Burnout" nicht abrechnen. Das erschwert aus meiner Sicht, eine verlässliche Aussage auf Basis von statistischem Datenmaterial über die Prävalenz von Burnout zu treffen. Auch werden deshalb von den Krankenkassen häufig nur die Therapien der begleitenden Krankheiten, wie Depressionen, Suchtverhalten und von körperlichen Symptomen wie Rückenschmerzen, Migräne oder Herz-Kreislauf-Erkrankungen übernommen. In jedem Fall muss jeder Mensch individuell betreut werden, schon aufgrund der verschiedenen Symptome, aber auch wegen der individuellen Prägungen.

Präventiv gilt eine andere Vorgehensweise: Hier findet das Konzept des Kurs „Veränderung"® bundesweit sehr viel Beachtung, und hier werden häufig die Kosten durch die Krankenkassen übernommen. Anderenfalls rechnet ein Balance-Lotse® oder ein anderer Therapeut auf privater Basis mit Ihnen ab. Die Rechnung können Sie dann entweder bei Ihrer Krankenkasse einreichen und dort eine Kostenübernahme beantragen; insbesondere, wenn Sie sonst monatelang warten müssten, bis ein „normaler" Therapieplatz frei wird. Oder machen Sie den Aufwand in Ihrer Einkommensteuererklärung geltend[45].

Bitte bedenken Sie aber: Sie sollten Ihr Lebensglück grundsätzlich nicht von einer Versicherung abhängig machen – denn Sie haben nur dies eine Leben! Daher nehmen Sie die Einnahmen, die Sie aus Ihrem hohen Arbeitseinsatzes erhalten haben und investieren sie diese in das Wertvollste, was Sie haben – in sich!

---

[45] Bitte wenden Sie sich für verbindliche Aussagen an Ihren Steuerberater.

TEIL 2: Glossar & Anhang

Spanisch-Glossar

Albergue	Pilgerherberge oder einfache Unterkunft, meist mit Mehrbettzimmern
alimentario	Lebensmittelgeschäft
bar (pl. bares)	Gängige Bezeichnung für eine Kneipe bzw. eine einfaches Restaurant
Bocadillos	mit Käse (span.: *queso*) oder Schinken (span. *jamón*) belegte, meist kalte Sandwiches
café con leche	Wörtlich übersetzt: Kaffee mit Milch, je nach Ausführung allerdings manchmal auch eine Art Cappuccino
Calda gallega	Galizische Kohl-/Kartoffel-/Bohnensuppe
Camino	span.: (Wander- oder Feld)Weg, Pfad, Straße; Jakobspilger meinen damit auch liebevoll ihren Jakobsweg
Castillo	Burg(-ruine)
Chorizo	Typisch spanische Paprikasalami
Churros (con chocolate)	Spanisches Fettgebäck, das häufig mit einer sehr zähflüssigen Form von heißer Schokolade (span.: *chocolate*) konsumiert wird
Compostela	Wörtliche Bedeutung ist Sternenfeld (von campo = Feld und Stella = Stern), am Ende der Pilgerreise ist damit auch die Pilgerurkunde gemeint
Credencial	Span.: Berechtigungsnachweis; in der Vergangenheit wurde einem Pilger vom Geistlichen in seiner Heimatgemeinde eine Art Empfehlungsschreiben mit auf den Weg gegeben, damit er auf seiner Wanderschaft leichter eine Unterkunft gewährt bekäme. Heute wird der Pilgerausweis auch immer noch dazu benötigt, um in einer Pilgerherberge übernachten zu dürfen, darüber hinaus dient das regelmäßige Abstempeln auch dem Nachweis, dass man den Pilgerweg ohne Hilfsmittel und „aus eigener Kraft" zurückgelegt hat
Cruz de Ferro	Span.: Cruz = Kreuz, span.: Ferro = Eisen
Ermita	Wallfahrtskapelle

Burnout – Vom Jakobsweg zurück ins Leben

Estanco	Kiosk, Tabakgeschäft
Faro	Leuchtturm
Hostal	Herberge oder einfaches Hotel
Iglesia	Kirche
Mirador	Aussichtspunkt
Menu del dia	Tagesgericht; meist gleichbedeutend mit *Menu del peregrino*
Menu del peregrino	Pilgermenü, meist bestehend aus einer Vorspeise (Suppe oder Salat) und einem meist kalorienhaltigen Hauptgang
Monte (pl. Montes)	Berg, in der Mehrzahl auch Hügelkette
Napolitana	Spanisches Plundergebäck, wahlweise mit Schokolade oder Pudding (span.: *crema*) gefüllt
Palacio (Episcopal)	(Bischofs-)Palast
Peregrino	der Pilger
Plaza (Mayor)	Span. *Plaza* = Platz, span. *Mayor* = groß, bedeutet in dieser Kombination Haupt- oder Rathausplatz (das spanische Wort ist weiblich, deshalb schreibe ich meist „die Plaza")
Puerto	Hafen, oder Passhöhe
Pulpo	Tintenfisch
Siesta	Traditionelle spanische Mittagsruhe (je nach Gegend zwischen 12 bis 16 oder 14 bis 17/18 Uhr)
Supermercado	Supermarkt oder Lebensmittelgeschäft
Tienda	(meist kleines) Lebensmittelgeschäft, Laden
Tortilla (Espanola)	„Spanisches Omelette": typisch spanischer Snack aus Kartoffeln und Ei
Ultreya	Aufmunternder, Mut machender Gruß auf dem Jakobsweg; bedeutet so viel wie „Vorwärts! Weiter!" oder auch „Guten Weg"
Vino	Wein (in seiner verarbeiteten Form)

TEIL 2: Glossar & Anhang

Literaturverzeichnis und -empfehlungen

[i] Hape Kerkeling, Ich bin dann mal weg – Meine Reise auf dem Jakobsweg,
Malik-Verlag 2006;   ISBN-10: 3890293123, ISBN-13: 978-3890293127
ASIN: B004YZIWRA

[ii] Siehe dazu auch: http://www.irache.com/fuente-del-vino.php?idioma=3

[iii] Siehe dazu auch: http://de.wikipedia.org/wiki/Hühnerwunder

[iv] Frühling und Herbst des Lü Bu We, S. 56

[v] James Redfield, Die Prophezeiungen von Celestine,
Heyne-Verlag 2003, ISBN-10: 3548741193

[vi] http://www.wortakupressur.wordpress.com/2011/01/23/das-labyrinth

[vii] http://www.wortakupressur.wordpress.com/2010/12/24/stille-nacht

[viii] Jeru Kabbal, Quantum Light Breath Vol.1,
ASIN: B0019Y6V4K

[ix] http://www.wortakupressur.de/

[x] http://www.wortakupressur.wordpress.com/tag/quantenspringerin/

[xi] Sergio Bambaren, Der träumende Delphin,
Piper-Verlag 2002, S. 21
ISBN-10: 3492229417, ISBN-13: 978-3492229418

Abbildungsverzeichnis

Abb. 1: Autoren Christina Bolte	9
Abb. 2: Die Stationen meines Jakobsweges	41
Abb. 3: Den Jakobsweg ins Leben nehmen	157

(© Alle Abbildungen aus eigenem Bestand).

Wichtiges zum Schluss...

... jetzt kennen Sie meinen Werdegang und meinen Lebensweg – und sind mir dabei durch Höhen und Tiefen gefolgt.

Zum Glück hört mein Leben am Ende des Buches noch nicht auf – und so haben Sie hier nun auch die Möglichkeit, meine Unternehmen kennen zu lernen:

"Lieber Gesundheit erhalten als Krankheiten heilen".
Deswegen ist meine Naturheilpraxis auch eine Gesundheitspraxis.

Als Expertin in Sachen Burnout und Stress sowie deren Prävention unterstütze ich Sie mit meinem **ganzheitlichen, umfassenden Therapieangebot** auf mehreren Ebenen:

- Analyse und Behandlung der Auswirkungen von Stress auf das Hormonsystem (Stress- und Geschlechtshormone)
- Pflanzenheilkunde und Spagyrik helfen auf der körperlichen Ebene (beispielsweise) gegen Sodbrennen, Schmerzen oder Tinnitus, aber auch auf der geistig-seelischen Ebene z. B. zur inneren Stärkung
- zur Vorbeugung erhalten Betroffene, Interessierte und Angehörige wertvolle Tipps zu den oben genannten Themen in Vorträgen, Workshops und Kursen, zum Beispiel „Kurs Veränderung", „Wege aus dem Hamsterrad", „Aus meiner Mitte – in meine Kraft" oder „Mit der Kraft der Natur zu mehr Resilienz und Leistungsfähigkeit"
- Meditationsabende und Entspannungskurse wie zum Beispiel
    - Progressive Muskelentspannung oder
    - Atem-Achtsamkeit und Blitz-Entstressung nach Seiter

  ➢ http://www.gesundheitspraxis-sinderau.de

Im Rahmen meiner

Beratung für Unternehmens-Gesundheit

biete ich zusammen mit meinem tollen Team ganzheitliche Burnout- und Stressprävention – auch für Ihr Unternehmen:

- Systemische Firmen-Audits zur Gesundheitsprävention (BPI) und Beurteilungen Psychischer Belastungen (PGB) in Unternehmen, Verwaltungen und Organisationen
- Unterstützung bei der Einführung sowie Durchführung von Betrieblichem Gesundheitsmanagement (BGM) oder Betrieblicher Wiedereingliederung (BEM) in Ihrem Unternehmen
- Beratung & Coaching zu allen Fragen rund um die Themen „Psychosomatik" oder „Burnout im Unternehmen"
- Steigerung von Resilienz und Gesundheitsbewusstsein durch Begleitung von Mitarbeitern die einer großen Stressbelastung ausgesetzt sind, wenn diese an einem Burnout-Syndrom erkrankt sind oder besser noch präventiv, bevor dies passiert
- Vorträge, Workshops & Kurs „Stabilität" für Mitarbeiter zum Thema „Balance im Unternehmen", „Leistungsfähig trotz Stress" oder „Wege aus dem Hamsterrad"
- Entspannungskurse, wie zum Beispiel
    o Progressive Muskelentspannung oder
    o Atem-Achtsamkeit und Blitz-Entstressung nach Seiter

Die Beratung für Unternehmens-Gesundheit ist dem bundesweiten Netzwerk der Balance-Lotsen® angeschlossen.

Ich freue mich auf Ihre Anfrage –
Ihre Christina Bolte
http://www.unternehmens-gesundheit.de

Burnout – Vom Jakobsweg zurück ins Leben

Sie fühlen sich erschöpft und möchten dagegen in angenehmer, inspirierender Umgebung etwas tun? Sie suchen neue Impulse oder möchten einen neuen Kurs in Ihrem Leben einschlagen? Sie möchten den Weg in Ihr eigenes selbstbestimmtes Leben entdecken? Oder Sie verspüren nun auch den „Ruf" des Jakobsweges?

Ich begleite Sie gern – zum Beispiel im Rahmen einer/s **zehntägigen Kurs „Veränderung" (Burnout-Coaching) auf dem spanischen Jakobsweg!** in einer Kleingruppe – und natürlich zu Fuß.

Bitte melden Sie sich rechtzeitig an, da die Plätze begrenzt sind und eine (ggf. per Telefon) begleitete **fünfwöchige Vorbereitungszeit** erforderlich ist, welche das Führen eines Tagebuchs beinhaltet.

Termine:

- 25.05.-04.06.2017 (in Portugal/Spanien)
- 26.08.-03.09.2017 (in Deutschland/Österreich)
- 12.05.-20.05.2018 (in Portugal/Spanien)
- 04.08.-12.08.2018 (in Deutschland/Österreich)

Weitere Angebotsdetails finden Sie unter:

http://geh-heim-weg.de/angebote/kurs-veraenderung/

Weitere Informationen über die Autorin finden Sie auf:

- ihrer persönlichen Webseite unter www.christina-bolte.de,
- dem bereits erwähnten Blog www.wortakupressur.de sowie
- auf der Webseite des Buches und des gleichnamigen **Podcast** für Menschen an Wendepunkten: www.weg-zurueck-ins-leben.de.

Hören Sie doch mal rein – und empfehlen Sie ihn weiter!